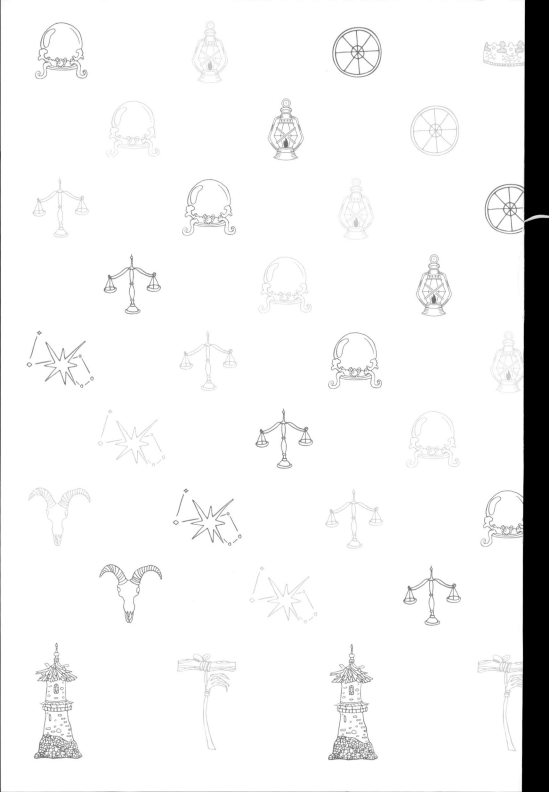

감정 읽기 리아 타로 이론 이해 편

감정 읽기 리아 타로

이론 이해 편

이야기공간

차례

시작하며 : 짚고 가는 타로 상식

리아 타로 이론 이해 편

제1장 메이저 카드 22장

제2장 코트(인물) 카드 16장

제3장 마이너 원소 카드 40장

모두 연결되어 있는 타로 78장

타로는 도안자의 사상, 종교적 관점, 철학을 바탕에 두고 신화와 역사의 이야기로 이루어져 있다. 종교적 비판의 의미와 그리스·로마 신화의 인물들이 숨어 있기도 하다.

처음 타로 공부를 할 때 키워드와 이미지 위주로 외우거나, 가르치는 강사의 작위적이고 주관적인 생각을 배우게 되면 첫 단추를 잘못 끼울 수 있다. 타로 도안자가 밝히는 상징적인 의미와 수비학, 담고 있는 이야기, 메이저 카드와 마이너 카드의 연관성, 그리고 그림에서 표현하고자 하는 의미를 올바르게 알아야 한다.

타로 78장의 카드 중 메이저 카드는 0번부터 21번까지 숫자와 제목, 그림으로 카드를 설명하며 22장이다.

코트(인물) 카드는 왕, 여왕, 기사, 시종 네 개의 계급에 4원소(물, 불, 흙, 공기)를 대입했다. 제목과 그림으로 인물의 성향을 설명하며 16장이다.

마이너 카드는 에이스(ACE)로 표시된 1번부터 10번까지 4원소를 대입했다. 원소와 숫자, 그림으로 카드를 설명하며 40장이다. 마이너 카드는 코트(인물) 카드를 포함해 총 56장으로 구성되어 있다.

메이저(major)는 '큼, 주요한, 중대한' 의미가 있다. 마이너(minor)는

'작음'을 뜻하는 라틴어 미노르(minor)에서 유래하며, '큼'을 뜻하는 메이저(major)의 반대말이다.

메이저 카드는 큰 흐름을 담고 있으며, 마이너 카드에 비해 기운이 강하다. 수비학적 개념을 반영하기 위해 숫자를 부여했으며, 숫자의 배열이 중요하다. 메이저 카드와 마이너 카드의 숫자는 연결되어 있다. 메이저 카드에 해당하는 숫자를 마이너 카드에서 구체적으로 설명하며 좀 더 세세하고 가벼운 이야기를 담고 있다. 그래서 메이저 카드에 지나치게 집중하는 경우가 있다.

어떤 질문에서든지 메이저 카드가 나오기만 하면 무조건 좋을까? 그렇지 않다. 긍정과 부정의 갈림이 있기 때문이다. 원하는 것을 이루고 싶은 질문일 때 긍정 의미가 강한 메이저 카드가 뽑히면 더없이 좋을 것이다. 그러나 부정 의미가 강한 메이저 카드가 뽑히면 어떨까?

예를 들어 원소 펜타클(흙)을 결실과 연결할 수 있다. 펜타클 원소가 있는 타로는 모두 결실과 연결하면 될까? 그렇지 않다. 펜타클 원소가 부여된 타로에도 긍정과 부정의 갈림이 있기 때문이다.

"재물운이 좋을까요?"라는 질문에 펜타클 원소가 있는 긍정 의미의 카드가 뽑히면 더없이 좋을 것이다. 그러나 펜타클 원소가 있는 부정 의미의 카드가 뽑히면 재물운이 좋지 않다. 이처럼 모든 내용이 하나로만 연결되지 않으며 타로 카드 의미 또한 한 가지만 있지 않다. 그러므로 해석할 때 고민이 필요하다.

실전 타로에서 중요한 8가지

대부분 후기 확인의 중요성에 대해 말하지 않는다. 왜일까? 타로는 참고삼아 뽑아볼 뿐 선택은 자신의 몫이기에 중요하지 않다고 생각한다. 물론 다양한 해석이 가능하기 때문에 맞다, 틀리다에 연연하기보다 경험을 많이 쌓는 것이 우선일 수 있다. 하지만 정말 그럴까? 해석의 방향만 있고 후기가 없는 사례는 반쪽에 불과하다.

우리는 후기를 통해 오류를 점검해야 한다. 일반적으로 50퍼센트의 확률은 타로를 사용하지 않아도 가능하다. 적어도 타로를 통해 이야기하고 싶다면 더 높은 확률이어야 하지 않을까?

타로에 묻고 답할 때 주의할 점

첫 번째, '구체적인 내용 전달'이 우선되어야 한다.

두 번째, 내담자의 '질문 의도'를 파악해야 한다.

예를 들어 "이혼할 수 있나요?"라는 질문일 때 이혼을 원하는가? 아니면 이혼을 원하지 않는데, 이혼하게 될까 봐 걱정하는 것인가? 그에 따라 상담 내용과 추가 질문이 달라진다.

세 번째, 타로를 뽑는 이가 누구든지 치우친 생각으로 뽑아서는 안 된다. 내담자의 감정이 혼란스러울 때는 타로 마스터가 대신 뽑기도 한다. 특히 자신의 것(자점)을 뽑을 때는 마음이 편안해질 때까지 기다려야 한다. 그렇지 않을 때는 지인에게 뽑아달라고 부탁하는 것이 낫다.

　네 번째, 타로를 믿을 수 없는 것이 아니라 해석을 잘못한 것이다. 배열의 개념을 정확히 알고 사용해야 한다. 타로 한 장 한 장마다 내용을 이해하고, 연결된 의미를 파악해서 전체를 볼 수 있어야 한다. 그에 따른 해석에는 분명한 차이가 있다. 타로는 아는 만큼 보이고 읽을 수 있다.

　다섯 번째, 타로를 해석할 때 주관적인 생각을 반영하지 않아야 한다. 순수하게 타로가 말하는 의미를 이해하고, 담고 있는 이야기를 합리적으로 리딩해야 한다.

　여섯 번째, 리딩할 때는 신중해야 하고, 상담 후에는 후기를 꼭 확인하는 노력이 필요하다. 후기를 확인할 수 없을 때는 어쩔 수 없지만, 가족이나 지인의 경우에는 메모해 두었다가 확인하는 습관을 들여야 한다. 해석과 결과가 다를 경우 나의 실수를 인정해야 한다. 한 장의 카드에 하나의 답만 있는 게 아니다. 놓친 부분은 없는지, 어디서 잘못됐는지 짚어보며 오류를 줄여나가야 한다.

　일곱 번째, 소소한 문제에서 큰 걱정거리까지 어느 것 하나 스스로 결정하지 못하고 모두 타로에만 묻고 의존한다면 내 인생, 내 삶의 주도권은 내가 아닌 타로에 내주게 된다. 여러분의 주체적인 삶을 포기하지 않기늘 바란다.

마지막으로, 학문의 깊이와 배움에 끝이 없다는 것을 알게 되면서 겸손을 배웠다. 타로 앞에서는 늘 겸손해진다. 이론을 바탕으로 학문적인 접근을 하지만 미래를 예측하는 일은 여전히 어렵고 조심스럽다. 그럼에도 불구하고 《감정 읽기 리아 타로》라는 제목을 내세운 이유는 마음을 헤아리고 공감하는 소통에 있어서 자신 있었기 때문이다. 여러분이 살면서 직접 부딪쳐온 사연, 타로가 연결해준 많은 사람과 소통한 경험이야말로 가장 훌륭한 스승이라는 사실을 잊지 말길 바란다.

메이저 카드 이야기

0번 광대(바보) ✦ 여행자의 의무

사람들에게 웃음을 전달하고, 자유로운 영혼이 가진 새로운 눈으로 세상을 살핀다. 0번 광대는 최소한의 준비로 인생을 여행하면서 제일 먼저 신과 같은 마법사에서 세계까지 경험치를 텅 빈 그릇에 차곡차곡 채워 나간다.

1번 마법사 ✦ 창조, 그리고 새로운 시작의 의무
광대가 신을 만나다.

4원소를 사용하여 위대한 창조를 시작한다. 1번 마법사에게서 새롭게 만드는 창조적 시작과 새로운 경험을 한다.

2번 여사제 ✤ 신의 전달자로서의 의무
광대가 일반 여성이 아닌 비밀스러운 교회의 수장인 여사제를 만나다.

고결하고 순결한 임무를 지니고 신의 비밀을 전승한다. 토라(율법)를 부여받아 세상에서 가장 신성하고 무거운 책임감이 따른다. 2번 여사제에서 지식과 지혜, 진리를 추구하며 치우치지 않게 세상을 바라보려는 책임감과 중압감을 경험한다. 그리고 화합과 갈등을 통해 인간관계가 시작된다.

3번 여황제 ✤ 생육하고 번성의 의무(잉태)
광대가 인류의 시작인 만인의 연인을 만나다.

3번 여황제에서 나와 자식의 물질적 풍요를 추구하고, 자식에 대한 소유욕을 경험한다. 3번 여황제가 4번 황제보다 앞의 번호를 부여받은 이유는 생명의 씨앗보다 생명의 근간을 이루는 '성배' 즉 자궁이 더 중요한 역할을 하기 때문이다. (컵▸성배) 인류는 여성으로부터 시작된다.

4번 황제 ✤ 통솔력 있는 권력자로서 생육 의무
광대가 씨앗을 퍼트려 생육하고 번성하기 위한 남자를 만나다.

4번 황제에서 물질적 세상의 권력자로 내가 곧 법이라는 통제의 경험을 한다.

5번 교황 ✦ 매개자의 의무
광대가 타락하고 부패한 교회의 수장을 만나다.

5번 교황에서 3번 여황제와 4번 황제의 만남을 연결하여 생육과 번성을 책임지는 경험을 한다. 5번 교황이 2번 여사제보다 뒤에 번호를 부여받은 이유는 신의 전달자임에도 불구하고 세속적 권력자인 황제와 타협했기 때문이다. 부패하고 타락한 교황은 물질적 힘 뒤로 물러나 하늘의 권위를 땅으로 떨어트리는 계기를 만들었다.

6번 연인
✦ 생육하고 번성하기 위한 음양합일의 의무
광대가 아담과 이브를 만나다.

6번 연인에서 뱀의 유혹으로 선악과 열매를 먹고 육체의 매력을 경험한다. 5번 교황에서는 필요에 의해서 맺어진 갈등을 상징한다면, 6번 연인에서는 사랑으로 맺어진 화합을 상징한다.

7번 전차 ✦ 부양하기 위한 의무
광대가 생활력이 강한 전차의 인물을 만나다.

7번 전차에서 부양가족을 먹여 살리기 위해 수단과 방법을 가리지 않고 돈을 벌어야 하는 삶의 무게를 싫어지는 경험을 한다. 앞만 보고 달리는 미성숙함이 있다.

8번 힘 ✦ 스스로를 다스리는 의무
광대가 지혜의 여성 마법사(소피아 여신)를 만나다.

8번 힘에서 7번 전차 인물의 '미성숙함'에 대해 생
각한다. 인내심과 강한 신념, 소통의 능력으로 미
성숙함을 스스로 다스리는 내면의 힘을 경험한다.
그 영적인 힘은 양심적이고 도덕적이다.

9번 은둔자
✦ '세상에 머물라. 그러나 속하지는 말라' 의무
광대가 예언자가 아닌 은둔자를 만나다.

9번 은둔자에서 신의 전달자로 신이 사랑하는 완
성형 인간을 경험한다. 그 삶의 길은 외롭고 고달
플 것이다.

10번 운명의 수레바퀴
✦ 경험을 바탕으로 한 새로운 시작의 의무
광대가 공부하는 천사들을 만나다.

10번 운명의 수레바퀴에서 9번 은둔자까지의 경험
치를 바탕으로 인생의 전환점을 맞이한다. 새로운
경험을 시작한다.

메이저 카드 0번부터 10번까지의 흐름

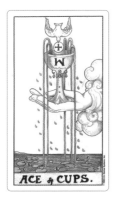

컵 에이스

나의 마음이 열리기 시작한다. 화합인지 갈등인지
에 따라 갈림이 생긴다.

컵 2번

너와 내가 소통하기 시작한다. 컵 에이스가 혼자였
다면 컵 2번에서는 너와 나 복수의 개념이다.

컵 3번

우리를 넘어 모두가 의기투합한다. 정서적 유대감
을 느끼는 설렘의 극대화이다.

컵 4번

설렘이 사라지고 감정의 안정화가 권태기를 불러
온다.

컵 5번

권태기가 길어지면서 실망과 좌절을 경험한다.

컵 6번

회상 카드로 컵 5번에서 서 있는 컵 두 개의 희망
으로 과거의 상처는 치유되고 아련한 추억이 된다.
과거와 연결된 부분이 현실에 도움을 준다.

컵 7번

과거에 얽매여 현재가 만족스럽지 않기에 자꾸 욕
심이 생긴다.

컵 8번

컵 7번의 욕심이 현실적으로 다 이루어질 수 없다.
부정적인 마음이 생겨서 미련을 남긴 채 뒤돌아 떠
난다.

컵 9번

되돌아와서 욕심을 버린다. 현재 나만의 만족을 느끼고 자신감이 생긴다.

컵 10번

나만의 만족을 넘어 우리의 행복으로 확장된다. 종교적으로 이야기하면 가정의 평화와 행복을 무지개 증표로 보이시며 약속한 신의 언약이다. 그 밖에 질문을 했을 때 하늘 높이 떠 있는 무지개에 걸친 컵 10처럼 이상이 너무 높아서 현실성이 떨어진다.

마이너 카드 컵 에이스부터 컵 10번까지의 흐름

메이저 카드 수비학 이야기

4번 황제

빼앗은 왕위.
영원할 것 같은 권력.

13번 죽음

왕의 죽음.
영원한 권력도 영원한 삶도 없다.
살아 있는 모든 것은 죽기 마련이며
인간의 시간은 유한적이다.

4번 황제 = 13(1+3)번 죽음
연결점 ✧ 시간은 유한적

물려받은 왕위가 아니라 반란으로 빼앗은 황제를 죽음 카드와 연결해
빈민 신세에 이런 죽음ㅇㄴ 센기사는 사님ㄷㅔ 있다.
그렇게 되면 반역자일 뿐 황제라 칭할 수 없다.

메이저와 마이너 카드
숫자 이야기

4번 황제 - 왕위를 빼앗고 주위를 경계하는 황제.

지팡이 4번
반란에 성공하여
연회를 연다.

펜타클 4번
나라 안의
모든 것은
다 내 것이라는
소유욕.

컵 4번
반란에 성공했지만
그 이후에 마음대로
하지 못하는
무기력한 감정.

검 4번
권력의 균형이
깨져 뒷방
늙은이로
물러나다.

코트(인물) 카드 이야기

펜타클 왕

장점 손해 안 보기 위해 신중하며 이해타산이 가장 빠르다. 문제 상황이나 관심 가는 일은 더 꼼꼼하게 살핀다. 돈 문제, 현실 문제를 안정적으로 잘 다루는 인물이다. 계산이 정확하고 실수가 적으며 치밀하다. 그렇다고 무조건 돈이 많을까? 모든 질문을 부유함으로만 연결하면 오류를 낳는다. 재산의 규모가 수치상으로 풍족한 사람도 있고, 그리 넉넉하지 않은 사람도 있다. 부유함과 관계없이 우리는 때때로 펜타클 왕의 성향이 나타나기도 한다.

단점 자신의 쾌락과 만족이 최우선이다. 좋을 때는 잘 베풀지만 만족하지 못하거나 싫어지면 다시 뺏는다. 지나치게 계산적이고 이기적인 모습이라 인간미를 찾기 어렵다. 성격이나 취향을 맞추기 어렵고 조건도 까다롭다. 가장 안타까운 건 지나치게 계산하고 따지다 오히려 손해를 보기도 한다. 제 발등을 제가 찍는다.

4원소(물, 불, 흙, 공기) 이야기

원소는 타로를 분류하고 이해하는 데 도움을 준다. 각각의 원소는 특정한 의미와 특징을 가지며, 타로 리딩을 할 때 원소의 특성을 이해하고 적용하여 해석한다. 일반적으로 네 가지의 원소(물, 불, 흙, 공기)를 사용하며, 각 원소는 카드 해석에 영향을 준다.

네 가지 원소에 추가로 '제5원소'를 언급하기도 한다. 물질적 세계를 초월하고, 정신, 영혼이나 영적인 차원과 관련된 원소로 여긴다. 그러나 제5원소는 전통적인 원소 체계에는 포함되지 않았으며, 과학적인 관점에서는 공식적으로 인정되지 않는 개념이다. 철학적인 관점에서 신성한 정신, 맑은 영혼으로 영적인 존재, 신, 혹은 초월적인 차원과 연결되어 있는 높은 수준의 의식이나 존재의 상태를 나타낸다.

코트(인물) 카드를 포함한 마이너 카드에서는 원소를 직접적으로 표현하고 있고 원소와 관련한 일상적인 상황과 감정, 관계, 사건 등의 세부적인 측면을 나타내는 데 중점을 두고 있다. 원소 의미와 상황에 따른 상호작용을 고려하여 해석하는 것이 중요하다.

물(컵) ▸ 무의식, 감정, 감성, 마음, 내면, 이해, 소통, 수용

· 감정의 변화, 내면적인 상태를 나타내며, 사랑, 연민, 감동, 기쁨, 슬픔, 행복, 불안, 상처와 같은 다양한 감정들을 표현한다. 물은 흐름과 조화로움을 가지고 있으며, 내면의 지혜를 탐구하고 내면의 목소리에 귀 기울임을 강조한다. 깊은 이해와 소통으로 관계를 형성하고 유지한다.
· 예술적인 분야, 종교와 관련이 있다.
· 이해와 수용의 여성성을 상징하는 음의 성질이다.
· 소통에 관심이 많다 보니 활동성이 적어 피부가 뽀얗고 부드러운 인상이다.

불(지팡이) ▸ 도전, 개척, 모험, 열정, 의지, 행동, 욕망, 욕구

· 활기찬 행동과 결심을 나타내며, 열정적인 감정이나 동기부여를 행동으로 이끌고자 한다. 마치 불이 활활 타오르는 것처럼 상상력과 창의력을 활용하여 새로운 일에 대한 구상 및 기획과 가능성을 탐구하고 개척하는 용기를 부여한다. 얻고자 바라는 욕구와 부족한 것을 가지기 위한 욕망을 행동으로 표현한다.
· 농민, 노동과 관련이 있다.
· 변화와 역동적인 남성성을 상징하는 양의 성질이다.
· 몸을 잘 쓰고 활동성이 좋아 피부가 거무스름하고 다부진 체격의 건강한 인상이다.

흙(펜타클) ▸ 계산, 결실, 안정, 물질 만능, 현실 인식, 감각, 쾌락

· 물질적인 측면과 현실 세계에서의 안정과 안전을 추구한다. 물질의 안정을 추구하는 것이 재물이 많다기보다는 욕심과 연결되며 현실적으로 계산하고 따진다. 계획을 세우고 실질적인 이익과 혜택 그리고 오감 만족 쾌락을 중요시한다. 안정을 지키고자 하는 보수적 의미로 표현되며, 현실적인 접근은 자기중심적이다.
· 상업, 사업과 관련이 있다.
· 변화하지 않는 고정성을 상징하는 음의 성질이다.
· 곱게 꾸미는 것에 관심이 많아 화려하고 세련된 인상이다.

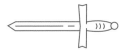

공기(검) ▸ 의식, 생각, 사고, 확신, 가치관, 판단, 논리, 분석, 갈등

· 개념적인 사고와 논리적인 분석을 통해 문제 해결을 나타내며, 가치관의 확립과 확신, 이성적 주장에 따른 갈등과 연결한다. 전략적인 논리와 결정은 내 것을 지키고자 하는 보수적 의미로 표현되며, 해결책 또한 자기중심적이다.
· 귀족, 권력과 관련이 있다.
· 변화와 강인함의 남성성을 상징하는 양의 성질이다.
· 생각을 주로 하다 보니 냉철하고 날카로운 인상이다.

리아 타로 이론 이해 Q&A 5

Q1.
키워드만 암기해도 되나요?

그렇지 않다. 키워드는
의미를 함축하여
핵심 단어로 나열한 것이기에
그 키워드가 왜 나왔는지
연결된 이야기를 알아야 한다.
그래야 해석의 오류를
줄일 수 있다.

Q2.
한 카드에 여러 의미와 키워드가 있는데, 질문에 따라 어떤 것을 적용해야 하나요?

감각을 키우기 위해 타로 연습과
후기 확인을 많이 해보는
방법밖에 없다. 상담가의 직관과
연결되기 때문에 리아 타로
수업을 들으면 분명 도움이
될 것이다.

Q3.
그림에서 인물 외 다른 이미지의 상징은 어느 정도 중요할까요?

상징을 하나하나 다 알기는 어렵다. 그렇더라도 중요하게
작용하는 상징에 대해 알아가면 그 카드에 반영된 의미와
타로를 이해하는 데 도움이 된다.
예를 들어 펜타클 9번에서 장갑을 낀 여인의 손에 눈가리개를
한 매가 얌전히 앉아 있다. 매가 상징하는 의미가 무엇일까?
몸이 크고 부리와 발톱이 날카로운 매를 길들이듯 이뤄놓은
풍요를 같이 누리려면 상대를 길들여야 한다는 의미가 있다.

Q4.
심리 반영을 어떻게 알 수 있나요?

첫 번째, 일단 후기가 안 맞았을 때이다. 내담자가 간절히 원할 때 바람이 이루어지는 해석의 긍정 카드가 나오기도 한다. 그러나 후기를 확인했을 때 맞지 않았다면 심리 반영일 수 있다. 예를 들어 "자격증 시험에 합격할 수 있을까요?"라는 질문에 누가 읽어도 합격이라 해석되는 긍정 카드가 뽑혔지만 후기는 그 반대였다면 심리 반영을 의심해볼 수 있다.

두 번째, 내담자가 간절히 원하지만 이루어지지 않을까 봐 두려움과 불안함으로 조마조마할 때 20번 심판, 검 8번, 검 9번과 같은 부정 카드가 뽑힌다. 다만, 해석이 안 될 때 심리 반영으로 몰아가는 것은 주의하자. 놓친 해석은 없는지 다시 한번 살펴야 한다.

Q5.
왜 리아에게 타로 이론을 배워야 하나요?

리아 타로는 첫 번째 개념 잡기. 메이저 0번 광대(바보)~21번 세계로 이어지는 연결된 이야기, 메이저와 연결된 마이너 카드 이야기, 마이너 원소 에이스~10번 카드의 단계별 연결된 이야기, 수비학으로 연결된 이야기, 코트(인물) 카드 16장의 왕, 여왕, 기사, 시종 계급에 따른 원소의 성향 바로 알기, 공통된 키워드 타로의 차이점을 깊이 있게 살핀다. 두 번째 실전 사례 적용. 한 장의 카드 설명 후 실전 사례 질문을 통해 이해도를 다진다. 세 번째 녹음 파일 전송. 수업 시간에 다룬 내용을 모두 녹음해서 언제라도 복습할 수 있게 수강생에게 전송한다.

네 번째 개인 수업 병행. 매주 과제 확인하고 부족한 부분은 다시 설명한다. 이처럼 꼼꼼하고 체계적으로 가르쳐주는데, 리아 타로를 선택하지 않을 이유가 있을까?

리아 타로
이론 이해 편

제1장

메이저 카드 22장

0번 광대부터
21번 세계

0번 광대(바보)

· 자유로운 영혼
· 계획 없는 시작
· 속박에서 벗어남
· 현실 도피
· 자유 여행
· 자유연애

· 순수함
· 단순함
· 낙천적
· 무책임
· 가벼움
· 경솔함
· 둔재 혹은 천재

　낭떠러지 위에 있는 광대는 위험을 인지하지 못한 채 여행하려는 듯하다. 바람과 같은 자유로움을 느끼고 있다. 고개는 하늘을 향하고 한 손에는 순수함을 상징하는 흰 장미를 들었다. 지팡이 끝에 매단 가벼운 봇짐은 다른 세상을 경험하기 위해 떠나고자 하는 최소한의 준비를 마쳤음을 보여준다. 길 앞에 낭떠러지를 알려줄 동반자인 개가 광대 옆에 있다.

◦──────────┐   ╭ **✦키워드 해석✦** ╮   ┌──────────◦

　그는 궁중에서 광대로 살면서 치졸한 권력 다툼과 궁중의 부패에 회의를 느꼈다. 세상을 바꾸고 싶지만 자신의 힘으로는 역부족이다. 이제 어깨를 짓눌렀던 무거운 짐을 내려놓고 홀연히 여행을 떠나기 위해 마음먹는다. 그저 결심만 했을 뿐 구체적인 계획은 없다. 그렇기에 시작을 했다고도 시작을 안 했다고도 볼 수 없다. 광대의 마음은 더없이 자유로우나 상대방은 답답할 수 있다. 얽매이거나 구속되는 걸 싫어하는 자유로운 영혼이다. 심리적으로는 뭐든 다 될 것 같은 긍정이지만, 현실적으로는 부정의 의미다.

1번 마법사

· 손재주

· 임기응변

· 화려한 말솜씨

· 유머 감각

· 사기꾼

· 속임수

· 거짓말

· 공치사

· 창조적인 시작

· 문제 해결 능력

· 자신감

· 매력적인

· 많은 인맥

· 다재다능

THE MAGICIAN.

✦ 인물 읽기 ✦

머리 위에는 뫼비우스의 띠가 있고, 허리에는 뱀이 자신의 꼬리를 물어서 원형을 이룬 우로보로스를 둘렀다. 우로보로스는 시작이 곧 끝이라는 의미를 지니며 영원성을 뜻한다. 한 손은 봉을 잡고 있고 다른 한 손은 땅을 가리키고 있다. 탁자 위에는 4원소가 놓여 있다. 그의 얼굴은 자신감으로 가득 차 있다.

✦ 키워드 해석 ✦

4원소 컵, 지팡이, 펜타클, 검은 창조를 위한 준비를 갖추었다. 마법사는 신과 같은 창조적인 능력을 가지고 있다. 하늘을 향해 들고 있는 봉은 하늘의 뜻을 받아 새로운 시작을 하며, 땅을 가리키는 손은 하늘과 땅을 연결하고 있다. 그것은 곧 창조이며 마법이다. 마치 그의 꿈이 이루어진다는 것을 알리는 듯하다. 신비롭고 뛰어난 능력자로 긍정의 의미다. 다만, 연륜이 느껴지지 않는 젊은 얼굴에서 사기꾼 기질을 읽을 수 있다.

2번 여사제

· 책임과 의무

· 문서운

· 지식

· 지혜

· 상담

· 가르침

· 관계 맺기

· 비밀스러운 사연

· 인내심

· 참을성

· 가슴앓이

· 내면적 갈등

· 진실한 사랑

· 아픈 사랑

· 망부석

◆ 인물 읽기 ◆

장막은 하늘과 육지와 바다를 가리고 있다. 공적인 업무 수행을 위해 물이 상징하는 사적인 내면을 드러내지 않는다. 발치에 놓인 달로 보아 여성성과 감성 또한 저만치 내려놓았음을 알 수 있다. 그녀는 선과 악을 상징하는 흑백의 원기둥 사이에 앉아 있다. 단아한 모습 뒤로 비밀스러운 사연을 숨기고 있다.

◆ 키워드 해석 ◆

그녀는 절대 지혜의 경전인 토라(율법)를 들고 신에게로 연결되는 성전의 입구를 지키는 고위 여사제다. 선과 악 두 기둥 사이에 앉아 치우치지 않게 세상을 바라보려는 내면적 갈등이 존재한다. 지혜의 비밀을 계승하고 진리를 추구한다. 말 못할 사연의 가슴앓이와 슬픔은 가슴에 묻어두었다. 아픔을 말하지 않는 비밀스러움도 있다. 토라와 관련해 문서 질문은 긍정 의미, 성전의 입구를 지키는 문지기이므로 이동에 관련한 질문에는 부정의 의미로 해석한다.

3번 여황제

· 다산
· 모성애
· 풍성한 감정
· 물질적 풍요
· 물려받은 풍요
· 소유욕
· 집착

· 허영
· 사치
· 울타리 관계
· 편안함
· 안락함
· 나태함
· 게으름

대지가 주는 풍요로움은 마치 그녀를 위해 준비된 것 같다. 울창한 숲 속에서는 폭포수가 흘러내린다. 폭포 소리와 숲속의 바람이 속삭이는 소리에 귀 기울이며 평온함을 느끼고 있다. 추수를 기다리는 황금 밀밭은 풍요로워 보인다. 이 풍요가 오래 지속되길 바란다. 그녀의 배 속에는 풍요를 같이 누릴 태아가 자리 잡고 있기에 편안한 옷을 입고 앉아 있다.

⊹ 키워드 해석 ⊹

풍요로운 들판에서 삶의 안락함을 누리는 그녀는 여황제이다. 아름다운 여인이자 어머니인 여황제의 출산을 통해 인류가 시작되며 확장된다. 그녀는 "다 널 위해서 그런 거야!"라고 부모라면 익숙한 표현을 한다. 자식을 위해서라면 무엇도 부끄럽지 않고 맞설 준비가 된 강한 모성애를 가지고 있다. 자신이 가진 풍요에 집착한다. 그녀는 결코 풍요를 포기할 수 없다. 풍요라는 선물을 누리는 긍정의 의미다.

4번 황제

· 일인자

· 자수성가

· 개척

· 통솔력

· 세속적인 권력과 부

· 물질 / 체제의 안정

· 가부장

· 경계하는 눈빛

· 책임감에 의한 근심

· 완고한 고집

· 딱딱한 감정

불그스름한 하늘과 산. 그리고 산양의 뿔로 조각된 의자는 삭막하고 근엄한 분위기를 자아낸다. 한 나라의 강력한 권한을 가진 황제는 사뭇 긴장된 표정으로 갑옷을 입고 앉아 있다. 의자 뒤로 실개천이 흐른다.

키워드 해석

황제는 물려받은 왕의 자리가 아닌 반란으로 일인자가 된다. 어떻게 얻은 자리인가. 누구도 넘보지 못하도록 나의 제국을 지키기 위해 주변을 경계한다. 딱딱한 돌의자에 갑옷을 입고 앉아 있는 그의 표정에서 전쟁이나 반란에 대한 걱정이 느껴진다. 의자 뒤로 흐르는 실개천은 그에게도 감정이 있음을 보여주지만, 황제이기 때문에 표현할 수 없다. 세상을 통치할 수 있는 권력을 지키고, 국가와 만백성의 안녕을 책임지자니 실로 어깨가 무겁다. 그가 누리는 세속적인 권력과 부는 긍정의 의미다.

5번 교황

· 상담

· 가르침

· 조언자

· 두 개의 열쇠

· 선택의 갈림

· 책임 회피

· 형식적인
봉사 / 희생

· 양면성

· 실망

· 상하 갈등

· 갑을 갈등

· 조건 만남

· 정략결혼

그는 하느님의 종으로서 모든 권력이나 권위의 행사는 봉사하는 데 있다. 젊은 교황은 선과 악이 모호해진 두 개의 회색 원기둥을 사이에 두고 교황청 최고의 자리에 앉아 있다. 직위와는 상반되게 교황의 표정에서 인자함은 엿보이지 않는다. 교황과 두 명의 사제는 수직 구조로 상하관계를 이루며 갈등이 존재한다. 두 개의 열쇠가 있다.

교황은 하늘의 뜻을 지상에 전달하는 숭고한 희생과 도덕적 책임을 지녔다. 하지만 영토를 지배하는 실질적 권력자 황제와의 타협을 통해 가톨릭의 수장으로 지위와 권위를 유지하고자 한다. 그는 회색 원기둥 사이에 앉아 인간의 삶 질문에 대해 두 개 열쇠의 두 가지 조언을 할 뿐 어떠한 결론도 내리지 않는다. 선택을 인간의 몫으로 남겨 갈등을 일으키기에 부정의 의미도 담고 있다.

6번 연인

· 정서적 사랑

· 순수한 결합

· 조화로운 관계

· 화합

· 아름다운 유혹

· 좋은 선택

· 행복한 변화

에덴동산에 이브와 아담이 있다. 여러 나무가 울창하였으며, 들에는 짐승이 뛰놀고, 하늘에는 새가 날았다. 천사가 눈을 감고 있다. 이브의 뒤로는 뱀이 감싸고 있는 선악과나무가 있다. 아담의 뒤에는 생명의 나무 한 그루가 있다. 이브와 아담은 서로 다른 눈높이로 바라보고 있다.

✦ 키워드 해석 ✦

이브와 아담의 눈높이는 왜 다른 것일까? 이브는 뱀의 달콤한 유혹에 이끌려 선악과를 먹는다. 아담은 원하지 않지만 이브를 바라보며 그녀의 선택을 따르고 함께한다. 그들의 선택으로 변화가 시작되고 인간의 사랑도 시작된다. 육체적 쾌락만이 아닌 정서가 수반된 온전한 사랑으로 생육과 번성의 음양합일을 이룬다. 신의 계획하에 있기에 긍정의 의미다.

7번 전차

· 이인자
· 개선장군
· 목표지상주의
· 승부욕
· 온갖 수단과 방법
· 목표 달성

· 승리
· 강한 생활력
· 역동적
· 수레의 균형
· 미성숙
· 피해자 발생

46

전차를 끄는 역동적인 말 대신 선과 악을 대비하는 흑백의 스핑크스가 앉아 있다. 머리에 월계관을 쓴 젊은 남자는 개선장군이다. 그는 주변을 둘러볼 겨를도 없이 오로지 앞만 보고 달려나간다. 전차에 몸을 실은 장군 뒤로 전쟁에서 정복한 영토의 건물이 보인다.

젊은 개선장군은 황제와 결탁하여 군사를 이끌고 반란에 성공한다. 황제는 일인자가 되고, 개선장군은 일등공신으로 이인자가 된다. 힘을 얻은 장군은 황제의 경계를 받는다. 그로 인해 계속 전쟁에 나가 승리해야 하며, 살기 위해서라면 악행도 저질러야 한다. 획득한 영토는 장군의 것이 아니기에 황제에게 바친다. 승리를 위해서라면 수단과 방법을 가리지 않는 미성숙함이 있다. 목표를 달성하고 승리하기에 긍정의 의미다. 다만, 과정에서 피해를 주는 것은 없는지 함께 살펴야 한다.

8번 힘

· 영적인 힘

· 도덕적인 힘

· 교감

· 인내심

· 참을성

· 꾸준한 노력

· 시간이 걸림

· 용기

· 신념과 확신

· 두려움 극복

· 칠전팔기

머리에는 월계관을 쓰고 뫼비우스의 띠가 있다. 그리고 허리에는 생명력 있는 장미 화환을 두르고 있다. 성숙함과 부드러움으로 맹수를 다스리는 그녀의 능력은 어디까지일까. 사자는 꼬리를 다리 사이로 내리고 그녀의 손을 핥으며 평화롭게 교감을 나눈다. 그녀가 가진 힘의 균형과 의지가 느껴진다.

맹수의 왕 사자는 그녀가 감당하기 힘든 상대 혹은 자신의 모습일 수 있다. 사자를 다스리며 소통한다는 것은 오랜 시간이 걸리며 인내심을 요구하는 일이다. 두려움과 어려움을 극복하려는 신념과 확신이 필요한 상황이다. 여러 번 실패해도 포기하지 않고 꾸준히 노력한다. 상대를 제압하는 내면의 진정한 힘은 많은 난관과 시련의 경험에서 나온다. 미래는 희망적이지만 시간이 오래 걸린다.

9번 은둔자

· 일방적인 희생

· 번뇌

· 고독 / 고립

· 홀로서기

· 혼자 놀기

· 왕따

· 취미 중독

· 사회성 결여

· 소통 불가

· 고집불통

· 기러기 가족

· 주말부부

· 별거

· 연구 / 탐구

그는 마음을 세상이 아닌 하늘에 두고 있다. '세상에 머물라. 그러나 속하지는 말라'는 신의 뜻을 충실히 이행하고자 홀로 설산에 오른다. 그는 오직 지팡이에 의지한 채 눈을 감고 있다. 얼굴에는 고독함이 묻어나지만, 그러한 삶을 선택했기에 외롭지 않으며 등불을 들고 어두운 세상을 밝힌다.

속세를 떠나 오랜 시간 은둔한다. 자연을 벗삼아 홀로 지내는 시간이 점점 편해진다. 은둔자는 소통의 어려움을 겪으며 주변에 정을 나눌 사람이 귀하다. 한 가지에 몰두하면 깊게 파고들지만 스스로 원해야 가능하다. 주변에서 아무리 좋은 것을 이야기해도 자신의 입장을 고수한다. 고집불통 부정 의미다. 예외적으로 혼자 하는 일이나 연구와 관련해서는 긍정의 의미다.

10번 운명의 수레바퀴

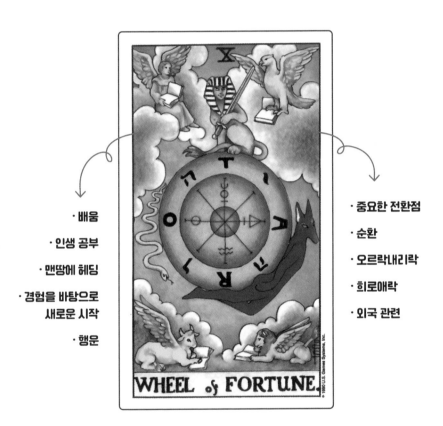

· 배움

· 인생 공부

· 맨땅에 헤딩

· 경험을 바탕으로
새로운 시작

· 행운

· 중요한 전환점

· 순환

· 오르락내리락

· 희로애락

· 외국 관련

네 천사가 책을 펼치고 공부하고 있다. 굴러가는 수레바퀴처럼 인생도 돌고 돈다. 바람이 불어와 삶을 흔들어놓기도 한다. 수수께끼를 풀어가는 이집트의 왕 스핑크스가 앉아 있다. 이집트 망자의 신 아누비스(자칼)는 상승기를 뜻하고, 전투의 신 세트(뱀)는 하락기를 뜻한다. 인생은 상승과 하락이 순환한다. 우리는 그 안에서 경험을 배운다.

9번까지의 경험치를 바탕으로 인생의 중요한 전환점을 맞이한다. 운명이란 무엇인가. 신이 정해놓은 틀 안에서 선택하고 방향을 찾는 것은 우리의 몫이며 책임도 스스로 져야 한다. 인생의 희로애락을 경험하며, 실패를 통해 깨달음을 얻은 자가 좀 더 성공을 앞당길 수 있다. 경험은 소중한 자산이며 행운이 되기도 한다. 오르락내리락, 돌고 도는 인생의 수레바퀴에는 긍정과 부정의 갈림이 있다.

11번 정의

· 갈등과 분쟁
· 법
· 옳고 그름
· 시시비비
· 곧 판결이 남

· 인간미 결여
· 모성애 결여
· 냉정함
· 차가움

· 인물 읽기 ·

한 손에는 검을 꼿꼿이 세워 잡고, 다른 한 손으로는 저울을 들고 있는 법관이다. 남자일까? 여자일까? 똑바르게 서 있는 검은 마치 원기둥과 하나가 된 듯하다. 그 모습에서 냉정함이 묻어난다. 여사제와는 달리 선과 악이 모호해진 두 개의 회색 원기둥 사이에 앉아 인간의 법을 다룬다.

· 키워드 해석 ·

검은 갈등이며, 갈등은 곧 법을 의미한다. 정의란 무엇인가. 진리에 맞는 올바른 도리로 법 앞에서 모두가 평등해야 한다. 법은 과연 공정한가. 결정을 내려야 하는 상황에서 똑바르게 서 있는 검과 균형을 의미하는 저울은 공정하고 냉정해야 함을 강조한다. 시시비비를 가리기 위해서는 법의 도움을 받아야 할 정도로 갈등이 큰 부정의 의미도 담고 있다.

12번 매달린 남자

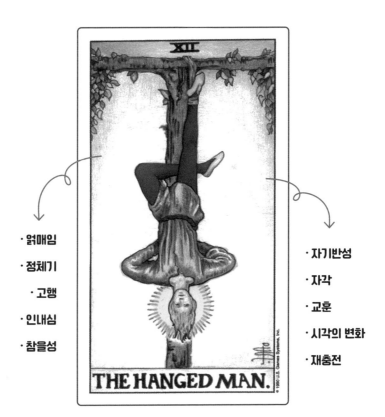

· 얽매임

· 정체기

· 고행

· 인내심

· 참을성

· 자기반성

· 자각

· 교훈

· 시각의 변화

· 재충전

생명력 있는 나무에 남자가 거꾸로 매달려 있다. 마치 십자가를 진 예수가 떠오르기도 한다. 두 다리는 숫자 '4'가 거꾸로 된 모양이며, 뒷짐진 두 손으로는 줄을 풀 수도 있으나 풀지 않는다. 머리에서는 빛을 내고 있으며, 표정 또한 그리 힘들어 보이지 않는다. 그가 스스로 고행 중임을 알 수 있다.

◆ 키워드 해석 ◆

그는 발전하거나 나아가지 못하고 한자리에 머물러 있다. 일시적으로 불안정하고 무질서한 시기다. 스스로 깨달음을 얻기 위해 인내하는 시간이다. 고행을 통해 지금까지와는 다른 시각으로 세상을 바라보아야 한다. 아직 깨달음을 완성하지 못하였으며 정체되어 있기에 부정의 의미다.

13번 죽음

· 단절
· 종결
· 극단적 무기력
· 극단적 포기
· 망연자실

· 고통
· 아픔
· 상처
· 노아의 방주
· 현실 수용
· 전화위복

◆ 인물 읽기 ◆

백마를 타고 깃발을 들고 등장하는 해골 기사는 죽음의 사신이다. 바닥에는 죽음을 맞이한 황제가 누워 있다. 저 멀리 두 기둥 사이로 태양이 떠오르고 있다. 여자는 슬픔과 고통을 느끼고 있으며, 어린아이는 아직 죽음을 알지 못한다. 백마 앞에 서 있는 교황도 죽음의 사신 앞에서는 미미한 존재일 뿐이다.

◆ 키워드 해석 ◆

영원한 권력이란 없다. 이어져 오던 것은 끊어지고 황제가 누리던 세속적인 권력과 부는 단절됐다. 죽음을 통해 극단적인 부정과 현실적 단절을 짧게라도 경험해야 한다. 고통이 따르지만 그 현실을 수용할 때 새로운 시작이 가능하다. 피할 수 없는 고통이라면 차라리 즐겨야 한다. 죽으라는 법은 없다. 태양은 다시 떠오른다. 단절은 새로운 시작을 의미하며 부정과 긍정의 갈림이 있다.

14번 절제

· 절제
· 중용
· 균형
· 인내심
· 참을성

· 노력
· 신중함
· 심사숙고
· 시간이 걸림
· 대기만성

천사가 눈을 감고 한 발은 물에 두고, 한 발은 땅을 딛고 있다. 가슴의 옷에는 네모 안에 세모가 그려진 무늬가 있다. 각각의 컵에 담긴 뜨거운 물과 차가운 물을 섞는다. 붓꽃(아이리스)은 무지개를 상징한다. 저 멀리 산과 연결된 길 끝에는 황금빛 왕관이 빛나고 있다.

◆ 키워드 해석 ◆

물질세계인 사각형은 열정을, 정신세계인 삼각형은 차분함을 의미한다. 이는 열정의 뜨거운 물과 냉정의 차가운 물이 섞이면서 열정은 차분하게 가라앉고 침묵은 열정을 더해 깨어나는 것과 같다. 한번 섞이면 밀접해지지만, 분리되기 어려우므로 신중해야 한다. 저 멀리 이어진 길은 시간이 오래 걸림을 의미하고, 먼 산언저리에 빛나는 황금빛 왕관은 태양을 상징한다. 그만큼 원하는 목표가 늦게 이루어진다. 미래는 희망적이지만 시간이 오래 걸린다.

15번 악마

· 자기합리화

· 죄를 정당화

· 꼭두각시

· 종속 관계

· 순종

· 쾌락

· 중독

· 구속

· 집착

· 소유욕

· 본능에 충실

· 거짓말

· 매력적인

· 치명적인 유혹

· 잘못된 지독한 사랑

악마의 머리에 달린 염소의 뿔 사이로 역 오망성이 그려져 있다. 사람의 형상을 한 상체에는 박쥐의 날개가 달려 있고, 다리에는 털이 수북하며 독수리의 발톱을 가졌다. 의식의 오른손으로는 악마 짓을 하지 않겠다는 거짓 맹세를 하고 있다. 무의식의 왼손으로는 횃불을 아래로 향하게 잡고 악마의 본능에 충실하다. 느슨한 사슬에 묶인 알몸의 남녀 머리에는 뿔이 자라나 있다.

그들은 악마의 속삭임에 현혹되었다. 술에 취하듯 매력에 흠뻑 취하기도 한다. 육체적인 탐닉을 사랑이라 착각한다. 달콤한 유혹의 최면에 걸려 죄를 정당화한다. 깨달았을 때는 이미 늦었다. 중독이라는 보이지 않는 사슬에 묶여 자유롭지 못하다. 당장은 좋은 듯하나 결국 문제가 발생하게 되므로 부정의 의미다.

16번 탑

· 징조

· 위험 경고

· 재난

· 추락

· 낙상

· 바벨탑의 붕괴

· 무너짐

· 불안정

· 좋지 않은 변화

· 위기

· 안정성의 상실

절벽 위에 높은 건물이 세워져 있다. 사람들은 과학 문명 발달을 숭배하기 위해 건물 꼭대기에 왕관을 씌웠다. 건물 안에 있던 사람들은 올바르지 못한 계획을 세웠을 것이다. 번쩍하는 순간 번개가 왕관을 내리친다. 건물에는 불꽃이 타오르고 사람들은 창문 밖으로 뛰어내린다.

◇━━━━━━━━━━━━━━━━━━━━━━━◇ **키워드 해석** ◇━━━━━━━━━━━━━━━━━━━━━◇

그들은 저절로 알 만큼 평범하고 명백한 사실만 보고 들으려 한다. 눈에 보이지 않는 철학적 통찰에 대해서는 아예 귀를 닫아버린다. 바르지 못한 생각으로 지은 탑은 무너져 내린다. 인간의 지성이 추락하고 있다. 추락하는 것에는 날개가 없다. 신은 인간에게 당장 생각을 바꾸어 오만에서 빨리 벗어나라고 경고한다. 안 좋은 일에 대비해야 하는 부정의 의미다.

17번 별

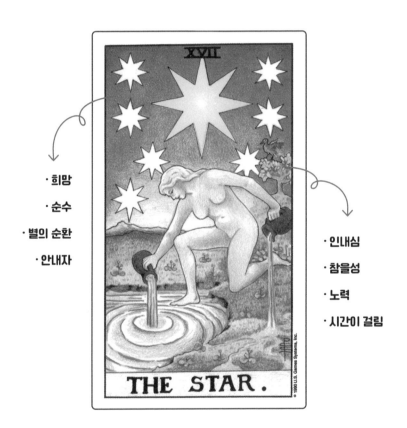

· 희망

· 순수

· 별의 순환

· 안내자

· 인내심

· 참을성

· 노력

· 시간이 걸림

나그네의 길잡이별이 밤하늘에 떠 있다. 여덟 개의 별 중에는 가장 큰 북극성이 보인다. 그녀는 연못과 대지에 물을 붓고 있다. 세상을 정화하며 생명을 불어넣고 있다. 여인의 자세는 불교의 '卍(만)'자를 형상화해 인간의 순환을 묘사했다. 나무 위에 내려앉은 새는 조언자다.

힘들 때 밤하늘을 수놓은 별을 올려다보며 위로받기도 한다. 별의 위치는 여행자와 항해자의 길잡이가 되었다. 별의 순환은 우리가 살아가는 이 땅에 영향을 미친다. 우리는 하늘의 뜻이 땅에서 이루어질 거라는 희망을 품는다. 순수의 상태로 돌아가 다시 시작한다. 과거에 얽매이지 말고 새롭게 목표를 설정해야 한다. 속도를 늦추지 않고 꾸준히 노력할 때 희망이 이루어진다. 미래는 희망적이지만 시간이 오래 걸린다.

18번 달

· 심리적 혼란

· 갈등

· 고난

· 관문

· 불확실

· 불안함

· 감추다

· 두려움

· 강박관념

· 구설

· 오해

· 변덕

· 경쟁자

· 숨겨진 적

· 일방적인 희생

밤하늘에 떠 있는 달에서 은둔자의 얼굴이 보인다. 설산에 올라 홀로 등불을 밝히던 은둔자는 달이 되었다. 늑대와 개는 야성적 본능을 숨기고 달을 보며 이따금 짖어댄다. 물에서 뭍으로 올라오는 가재는 딱딱한 껍데기에 물렁물렁한 속살을 숨기고 있다. 가재 앞에 펼쳐진 하나의 길은 두 개의 기둥 관문을 지나 멀리까지 이어져 있다.

일식이라 하지 않는다. 어둠은 두려움 그 자체이며 진실을 가린다. 우리는 어둠 속에서 길을 잃어버리기도 한다. 어둠이 모호하므로 개와 늑대를 구분할 수 없다. 어둠으로 인한 혼란의 세상에 은둔자의 희생이 달빛을 드리운다. 반드시 거쳐야 하는 고난의 관문이다. 어둠이 두렵지만 숙명적으로 그 길을 걸어가야만 한다. 안 좋은 일에 대비해야 하는 부정의 의미다.

19번 태양

· 순수

· 자신감

· 밝은 기운

· 충만한 에너지

· 행복

· 만족

· 순수한 사랑

· 철없는 사람

· 공개 연애

· 진실이 드러나다

· 과신

· 경거망동

태양은 아이와 해바라기 꽃을 비추고, 해바라기는 아이를 향하고 있다. 이는 아이가 곧 태양임을 나타낸다. 아이의 머리에는 붉은 깃털이 꽂혀 있고, 열정의 자유로움을 지녔다. 안장과 고삐 없는 말에 앉아 자신보다 큰 깃발을 잡고 있지만 해맑은 표정이다.

✦ 키워드 해석 ✦

아이와 같은 순수한 마음이야말로 어두운 세상을 이길 수 있다. 진정한 믿음은 순수한 마음에서 비롯된다. 그 진정한 믿음이 있을 때 우리는 순수의 상태로 돌아가 회복된 세상을 맞이할 수 있다. 천진난만한 아이가 때묻지 않고 순수한 마음을 가지고 성장할 때 새로운 출발이 시작된다. 순수하고 밝은 기운이 느껴지는 긍정 의미다. 다만, 고삐와 안장이 없는 말, 무거워 보이는 휘장에서 세심한 주의가 필요하기에 부정의 의미도 함께 살펴야 한다.

20번 심판

· 최후의 심판
· 마지막 기회
· 깨우침
· 조바심
· 조급함

· 절실함
· 불안함
· 인내심
· 참을성
· 결과 기다림
· 재앙 혹은 보상

천사가 나팔을 불며 최후의 심판을 알리고, 관에서 깨어난 사람들은 심판을 기다린다. 심판 앞에 자유로운 사람은 없다. 판결을 기다리는 사람들의 마음은 조마조마하다.

◆ 키워드 해석 ◆

이미 걸어온 길에 따라 심판이 이루어진다. 신이 원하는 인간의 삶은 산들바람이다. 그러나 현세에서 몹시 힘들고 고통스러웠다. 이미 심판받은 자는 다시 최후의 심판을 받을 마지막 기회를 부여받는다. 묵혔던 일들이 세상에 드러나니 이제 더는 시간이 없다. 마지막 기회가 주어질 것이므로 고통스러운 과정도 인내하며 최선을 다해 행동해야 한다. 노력하고 행동한 만큼의 보상이 주어지게 된다. 노력 여하에 따른 긍정과 부정의 갈림이 있다.

21번 세계

· 성공

· 만족

· 완성이자
새로운 시작

· 완전한 사랑

· 갈무리 사랑

· 마무리 짓다

· 편안하다

· 안주하다

· 외국 관련

+ 인물 읽기 +

배움을 마치고 성장한 네 천사의 얼굴이 만족스러워 보인다. 두 개의 매듭으로 연결된 둥근 화환 안에는 중성의 여인이 편안한 모습으로 있다. 그녀의 양손에는 봉이 들려 있다. 이곳은 하느님이 다스리는 나라이다. 그 세상에서는 근심, 걱정 없이 평화와 기쁨을 누릴 수 있다.

+ 키워드 해석 +

서로 다른 두 개의 줄로 매듭을 연결하여 음양합일의 완성을 이룬다. 이는 통합된 세상을 의미하며, 그 완성은 전체의 완성이 아닌 하나의 완성을 뜻한다. 둥근 화환은 숫자 '0'과 연결하고, 0번 광대와도 연결되어 순환한다. 완성을 이루고 또 다른 세상을 경험하고자 더욱 자신감 있게 준비하는 새로운 시작을 상징하기 때문이다. 중성의 여인은 생육과 번성의 완성인 자궁의 태아 모습이기도 하다. 완성을 이루기에 긍정 의미다. 다만, 편안함에 안주하는 부정의 의미도 함께 살펴야 한다.

* 일러두기
코트(인물) 카드는 왕 계급 4명, 여왕 계급 4명, 기사 계급
4명, 시종 계급 4명 이렇게 16장으로 구성되어 있다.

리아 타로
이론 이해 편

제**2**장

코트(인물)
카드 16장

컵 왕부터
펜타클 시종

컵 왕

· 부드러움

· 자상함

· 친절함

· 배려심

· 이해심

· 풍부한 감성

· 수용

· 공감

· 평화주의자

· 책임회피

· 우유부단

· 실망

· 이중성

· 부드러운
유혹의 기술

물 위에 돌로 만든 어좌가 둥둥 떠 있다. 어좌에 앉은 컵 왕은 앞으로 내민 오른손에는 컵을 잡고 있고, 뒤로 빠진 왼손에는 왕을 상징하는 의장을 잡고 있다. 물 위에 있지만 옷이 젖지는 않았다. 물 위로 뛰어오르는 물고기와 배 한 척이 보인다.

◦ 키워드 해석 ◦

컵 왕은 들어주고 소통하는 능력은 있으나 행동으로 옮기는 것은 귀찮다. 모든 사람과 소통할 수 있을 정도로 부드러움과 자상함을 지녔다. 이야기를 잘 들어주고 공감하며 기분이 좋지 않더라도 화내지 않는다. 그러나 겉으로 보이는 친절함과 자상함 뒤로는 자신의 권익을 옹호한다. 거절하지 않지만 그렇다고 도움을 주는 것도 아니며 말뿐이다. 자신의 생각을 주장하지 않고 상대의 의견을 따른다. 이는 마찰이 생기는 것을 원하지 않기 때문이며, 추후에 책임지는 상황을 피하고자 결정하지 않는다.

지팡이 왕

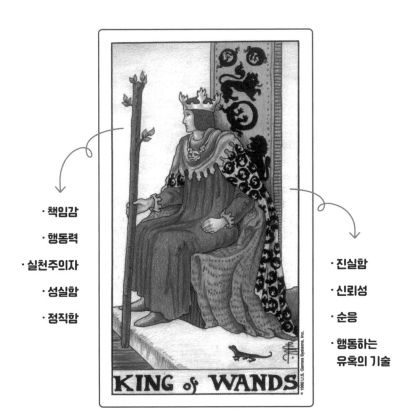

· 책임감

· 행동력

· 실천주의자

· 성실함

· 정직함

· 진실함

· 신뢰성

· 순응

· 행동하는
유혹의 기술

✦ 인물 읽기 ✦

지팡이 왕의 의자 등받이와 망토에는 뱀이 자신의 꼬리를 물어서 원형을 이룬 우로보로스 무늬가 있다. 완전한 원형으로 성숙함을 의미한다. 잡고 있는 지팡이는 단단한 땅을 짚고 있다.

✦ 키워드 해석 ✦

지팡이 왕은 말을 아끼며 무뚝뚝하다. 말한 것은 행동으로 지키려 한다. 어좌는 큰 반석 위에 있으나, 잡고 있는 지팡이가 땅을 짚고 있는 것은 왕이지만 준비 과정부터 참여해서 몸소 허드렛일을 함이다. 실행력이 있고 묵묵히 도맡은 일을 하기에 분주하다. 지팡이 왕의 신뢰는 말과 행동에서 비롯되며 성실하고 책임감이 강하다. 열정이 있고 최선을 다해 행동하며 그 결과에 순응한다.

검 왕

· 독재

· 유아독존

· 가부장

· 권위주의자

· 자기중심적

· 이기주의

· 단호함

· 갈등

· 구설

· 인간미 결여

· 권위적인
  유혹의 기술

검 왕의 얼굴은 광대뼈가 돌출되고 턱이 갸름하다. 그는 냉정한 표정으로 검을 비스듬히 잡고 앉아 있다. 어좌 등받이에는 나비가 그려져 있다. 하늘에는 구름도 보이고, 저 멀리에서 두 마리의 새가 날고 있다. 마치 나는 새도 떨어트릴 것 같다.

◦━━━━━━━━━━━━━━━━◇⟨ **⟔키워드 해석⟔** ⟩►━━━━━━━━◦

검 왕이 내리는 냉정한 판단은 주변의 갈등을 유발하기도 한다. 의견을 묻기도 하고, 주변의 생각을 인정하기도 하지만 그럼에도 '내가 옳다'는 강한 주장을 한다. 비스듬히 잡은 검의 권력을 오로지 자신을 위해서만 사용하겠다는 이기적이고 자기중심적인 성향이다. 모든 것의 옳고 그름을 자신이 판단한다. 검 왕은 모든 일을 자기 마음대로 할 수 있기에 나란히 날고 있는 두 마리 새처럼 외롭지 않을 것이다. 제멋대로여서 구설이 따를 수밖에 없다.

펜타클 왕

· 스폰서
· 조건 만남
· 쾌락
· 오감 만족
· 치밀한
· 철두철미
· 물질주의자

· 이해타산
· 계산하다
· 따지다
· 까다롭다
· 인간미 결여
· 선물 유혹의 기술

펜타클 왕은 포도 넝쿨 무늬가 있는 화려한 옷을 입고 앉아 있다. 오른 손은 왕을 상징하는 의장을 잡고, 왼손은 펜타클을 잡고 있다. 왼발은 황 소 돌조각을 밟고 있다. 펜타클을 내려다보는 표정이 다소 거만하다. 어 좌 뒤로 건물이 보인다.

◦──────────◦────< **키워드 해석** >──◦──────────◦

펜타클 왕은 현실 문제와 돈 문제를 안정적으로 잘 다룬다. 자신의 쾌 락과 만족, 그리고 조건이 우선시된다. 상대가 마음에 들면 환심을 사기 위해 선물 공세도 마다하지 않고 잘 베푼다. 그러다 불만족스럽거나 싫 어지면 줬다 뺏기도 한다. 지나치게 계산하고 따지다 오히려 손해를 입 는 어리석은 결과를 초래하기도 한다. 제 발등을 제가 찍는다.

컵 여왕

· 예민한 감수성

· 진실한 애정

· 기대치가 높다

· 연민

· 동정심

· 사기를 당하다

· 희생

· 따뜻한 마음

· 감정이 녹아들다

· 순수함

· 평화

· 모성애

컵 여왕은 뚜껑이 있는 고급스러운 컵을 바라보며 어좌에 앉아 있다. 육지에 앉아 있지만 옷자락이 물에 닿아 젖어 들고 있다. 어좌에는 물고기와 아기 천사의 모습이 조각되어 있다.

컵의 원소는 여성성을 의미한다. 컵 여왕은 여성성을 대표하는 여왕이다. 이를 강조하기 위해 여왕의 직위에 맞게 고급스러운 컵을 묘사하였다. 컵 왕과 달리 물에 젖어 드는 옷자락에서 마음이 동요되면 행동력이 생기고 희생도 마다하지 않는다. 컵 여왕은 이중적인 컵 왕과 다르게 진실한 도움을 준다. 연민과 애정을 바탕으로 행동하는 성향 때문에 사기를 당하는 경우가 종종 있다.

코트
카드

지팡이 여왕

· 책임감
· 성실함
· 정직함
· 행동력
· 열정
· 적극적
· 모험심

· 능력 발휘
· 자신감
· 자부심
· 통솔력
· 인맥
· 팔방미인
· 직관
· 모성애

지팡이 여왕의 어좌 등받이에는 붉은 사자와 해바라기가 그려져 있다. 오른손에는 지팡이를 잡고 왼손에는 해바라기를 잡고, 정면을 향해 앉아 있다. 어좌 앞에는 검은 고양이가 얌전히 앉아 있다.

지팡이 여왕의 자신감과 자부심이 강한 모습을 강조하기 위해 정면으로 묘사되었다. 진보적인 성향으로 누구에게든 할 말은 하는 멋있는 여성이다. 검은 고양이는 영물로 지팡이 여왕의 직관과 연결할 수 있다. 지팡이 왕과 달리 잡고 있는 지팡이가 땅이 아닌 반석을 짚고 있는 것은 허드렛일부터 하지 않고, 기본적인 준비가 된 상태에서 시작함을 보여준다. 그러나 해야 할 일에 대한 거부가 없기에 허드렛일도 마다하지 않는다. 평상시에는 인내심이 강하나 답답하면 욱하는 기질이 있다.

검 여왕

· 사연

· 외로움

· 강한 생활력

· 모성애

· 합리적

· 책임감

· 공정한 잣대

· 선택과 결정

· 독신

· 과부(미망인)

· 홀아비(광부)

검 여왕의 망토에는 구름이 그려져 있다. 검을 똑바르게 잡고 앉아 있으며 양손에는 술이 달린 팔찌를 하고 있다. 하늘에는 뭉게구름도 보이고, 저 멀리 새 한 마리가 날고 있다. 어좌에는 나비와 아기 천사의 모습이 조각되어 있다.

검 여왕은 똑바로 서 있는 검을 강조하기 위해 옆모습으로 묘사되었다. 검 왕과 달리 권력을 남용하지 않으며, 사리 판단에 근거하여 합리적이고 공정한 잣대로 검을 사용한다. 여왕이 검을 든 것은 위기 상황이거나 어쩔 수 없는 상황에서 나서야 하기 때문이다. 모든 일을 혼자서 선택하고 결정해야 하며, 그 책임 또한 스스로 져야 한다. 무거운 책임감에 의한 외로움이 새 한 마리로 묘사되었다. 검을 잡은 차가운 모습에서 다가가기 어려운 인상을 주기도 한다.

펜타클 여왕

· 경제 순환

· 소비

· 베풀다

· 자신의
가치 확인

· 나답게

· 인정 욕구

· 양육

· 모성애

울타리에 피어 있는 꽃은 마치 펜타클 여왕을 감싸고 있는 듯하다. 그녀는 무릎 위에 살포시 펜타클을 올려놓고 바라보며 두 손으로 보듬고 있다. 어좌에는 열매와 아기 천사 모습이 조각되어 있다. 깡충 뛰는 토끼도 그려져 있다.

펜타클 여왕이 중요하게 생각하는 삶의 측면은 경제 순환이다. 가진 자들이 지출하고 베풀면서 그들에 의해 경제가 순환되어야 한다고 생각한다. 펜타클 왕과 달리 조건을 우선시하지 않는다. 나의 가치를 알리기 위해 조건 없이 먼저 베풀 줄 아는 멋있는 여성이다. 주변에서 나를 인정하며 바라보는 시선을 즐기기도 한다. 다산을 의미하는 토끼는 양육의 의미와 연결하기도 한다. 여왕이 펜타클을 소중히 다루고 있는 모습은 마치 아기를 보듬고 있는 어머니를 연상시킨다.

컵 기사

· 제안하다
· 제안받다
· 자기만족
· 자아도취
· 자기애

· 감성적
· 낭만적
· 속도가 느림
· 공주병
· 왕자병
· 자뻑

컵 기사는 백마 탄 왕자의 모습이다. 투구와 신발에 날개가 달려 있다. 기사 옷에는 붉은 물고기가 그려져 있다. 백마는 부끄러운 듯 고개를 숙이고 한 발 한 발 천천히 내딛고 있다. 실개천 물이 흐른다.

말은 기사의 성향을 대변하고 있다. 마치 청혼하는 듯한 이미지를 떠올리게 한다. 모든 것에 대해 제안하거나 제안받는 의미다. 상대방의 생각과 상관없이 자신의 제안이 마음에 들어 자아도취에 빠져 있다. 당연히 상대도 좋아할 거라는 믿음이 있지만, 제안을 받는 입장에서는 마음에 들 수도 마음에 들지 않을 수도 있다. 잔잔하게 흐르는 실개천처럼 서두르지 않고 천천히 다가간다. 시작은 자신 있게 하나 속도가 느려 마무리가 안 된다.

지팡이 기사

· 급하다
· 실수
· 불안함
· 불편함
· 벼락치기

· 빈말
· 못 지킬 약속
· 변명
· 구설
· 미루다

KNIGHT of WANDS.

옷에는 뱀이나 용이 자신의 꼬리를 물어서 원형을 이루는 우로보로스 무늬가 있다. 벌어져 있는 원형은 미성숙을 의미한다. 무엇에 쫓기듯 기사가 달릴 준비가 안 된 말을 급하게 이동시키려 한다. 하지만 제자리에서 요동치고 있다. 혹은 말의 속도가 급감하는 모습으로 앞에 장애물이 있을 수 있다.

여유 부리고 미뤘다가 급하게 일을 처리해서 실수가 잦다. 쫓기는 느낌의 불편함이 있다. 번갯불에 콩 볶아 먹으려다 손발이 고생한다. 책임지지 못할 말과 행동이 앞선다. 본인의 실수를 인정하기보다는 변명으로 일관한다. 곤경에 처했을 때 "내가 아팠잖아"가 마지막으로 하는 궁색한 변명이다. 상대가 불편해하더라도 자신이 하고 싶은 대로 행동한다. 결과는 있으나 마음에 들지 않는다.

검 기사

· 영웅심

· 정의로움

· 책임감

· 이타심

· 자기희생

· 의리

· 의협심

98

검 기사의 말이 빠르게 달리고 있다. 얼마나 급한지 얼굴에 투구도 내리지 못했다. 장갑도 한 손에만 착용했다. 일으키는 바람의 속도에 구름도 형태가 변하고 새들도 휘청거리며 날고 있다. 소나무도 바람에 흔들린다.

검을 들고 전쟁터에 나가는 기사다운 기사다. 생각과 동시에 행동하며 주저하지 않는다. 자신감과 책임감이 강하다. 돕지 않은 불편한 마음보다는 자신이 희생하더라도 상대를 돕고자 한다. 마땅히 지켜야 할 도리와 의리를 중요시하는 검 기사는 불러주면 달려나가 밥도 사고 술도 산다. 합리적이거나 이성적이지 못하다. 주변을 잘 챙기며, 옳지 못한 상황이라 판단되면 대신 싸워줄 수도 있다.

펜타클 기사

· 보수적

· 냉정함

· 감성 부족

· 신중함

· 자기 능력 파악

· 안정 추구

펜타클 기사는 흑마를 타고 멈추어 서 있다. 양손에는 펜타클이 올려져 있지만 그는 펜타클을 바라보지 않는다. 펜타클 너머를 보고 있다. 재물에 집착하지 않는다. 흑마 옆으로는 잘 갈린 기름진 땅이 있다.

◦───────⟨ **키워드 해석** ⟩───────◦

기름진 땅에 무엇을 심으면 좋을지 멈추어 서서 고민하고 있다. 선을 넘지 않는 신중함이 있다. 자신의 능력치를 파악하고 그 안에서 새로운 시도를 한다. 그러나 능력을 벗어나면 과감히 진행하지 않는다. 주변에 부탁이나 도움을 요청하지 않는다. 또한 주변에서 능력 밖의 일을 요구하면 조정하기보다는 두말없이 돌아선다. 냉정함이 느껴지며 감성이 부족하다. 안정을 추구하며 변화를 좋아하지 않는다.

컵 시종

· 시작

· 순수

· 내적 자아

· 호기심

· 상상력 풍부

· 미성숙

· 경험 부족

잡은 컵 안에 물고기가 담겨 있다. 그 물고기와 컵 시종은 눈을 마주치고 있다. 시종의 옷에는 수선화 꽃무늬가 그려져 있다. 뒤쪽의 물살이 넘실넘실 출렁이며 흐른다.

물고기는 내적 자아를 의미한다. 물고기와 눈을 마주하며, 이제 막 내가 원하는 것을 깨닫기 시작했다. 원하는 것은 좋아하는 것과 싫어하는 것 두 가지로 나눌 수 있다. 내면에서 진정으로 원하는 것을 깨달았을 때는 넘실넘실 출렁이는 물살처럼 행동으로 이어진다. 경험은 부족하지만 충만한 마음으로 시작할 수 있다. 한 가지에 집중하거나 한 사람만 바라본다.

지팡이 시종

· 시작
· 계획
· 행동력
· 높은 기대치
· 변덕

· 산만하다
· 어설프다
· 끈기 부족
· 경험 부족
· 미성숙

옷에는 뱀이나 용이 자신의 꼬리를 물어서 원형을 이루는 우로보로스 무늬가 있다. 벌어져 있는 원형은 미성숙을 의미한다. 지팡이 기사보다 더 많이 벌어져 있다. 시선은 잡은 지팡이의 꼭대기를 향해 있다.

이제 막 행동하기 시작했다. 새로운 시도를 잘한다. 지팡이의 꼭대기를 바라보는 것에서 눈높이가 높음을 알 수 있다. 무엇을 하다가도 성에 차지 않아 만족감을 느끼지 못한다. 한곳에 깊게 뿌리를 내리지 못하고 이내 다른 것을 계획한다. 시작은 하지만 마음이 일정하지 않고 변덕스럽다. 신뢰를 주지 못한다.

검 시종

· 시작
· 잘못된 신념
· 경계
· 의심
· 집착
· 방어기제

· 갈등 유발
· 구설
· 인간미 결여
· 자기중심적
· 이기주의
· 경험 부족
· 미성숙

+ 인물 읽기 +

저쪽을 바라보는 표정이 어둡다. 의심을 품고 있는 눈매는 주위를 경계하고 있다. 양손은 검을 엉성하게 잡고 있다. 하늘에는 뭉게구름이 떠 있고 저 멀리 여러 마리의 새가 날고 있다.

+ 키워드 해석 +

시종 중에서 가장 미성숙하다. 검 원소 계급이 낮아질수록 하늘의 날아다니는 새가 많아지는데 이는 미성숙을 의미한다. 이제 막 의심하기 시작했다. 특히 잔꾀를 부리는데 능하고 머리가 비상하다. 다른 사람의 탓으로 돌리며 합리화하는 방어기제가 탁월하다. 마찰과 갈등을 유발하며 구설이 따른다. 검 왕과 달리 주변의 생각을 인정하지 않고 자신의 생각을 '나만 옳다'로 지나치게 맹신한다. 검을 엉성하게 잡은 모습은 마치 무기를 든 어린아이 같다. 검을 능숙하게 사용하지 못한다.

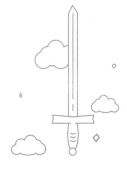

펜타클 시종

· 시작
· 목표
· 계획
· 소탐대실

· 짠돌이
· 짠순이
· 인간미 결여
· 경험 부족
· 미성숙

108

다른 시종에 비해 나이 들어 보이는 얼굴이다. 펜타클을 눈높이까지 높이 들고 있다. 그만큼 목표나 계획을 높게 세움을 의미한다. 그러다 보면 시작은 하지만 계획한 목표를 이루기 어려울 수 있다. 발을 딛고 있는 땅에는 푸릇푸릇한 풀들이 자라나 있다.

+ 키워드 해석 +

펜타클 원소의 특성상 시종 중에 그나마 성숙함이 있다. 이제 막 목표나 계획을 세우기 시작했다. "너는 다 계획이 있구나"라는 말이 떠오른다. 펜타클을 눈높이에 들고 있는 모습에서 계획을 실천에 옮기고자 함을 알 수 있다. 미래를 위해 현재를 저축한다. 자신을 위해서는 아낌없이 쓰면서 주위 사람에게는 베풀 줄 모르는 짠돌이, 짠순이다. 계획하고 마음먹은 일에만 지출한다. 눈앞의 작은 이익을 좇다 큰 손실을 초래하는 미성숙함이 존재한다. 나무만 보고 숲을 보지 못한다.

* 일러두기
마이너 원소 카드는 컵 에이스~컵 10번, 지팡이 에이스~
지팡이 10번, 검 에이스~검 10번, 펜타클 에이스~펜타클
10번 이렇게 40장으로 구성되어 있다.

리아 타로
이론 이해 편

제**3**장

마이너 원소
카드 40장

컵 에이스부터
펜타클 10번

컵 에이스

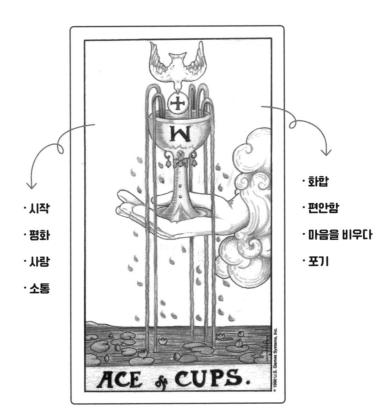

· 시작
· 평화
· 사랑
· 소통

· 화합
· 편안함
· 마음을 비우다
· 포기

구름에서 나온 신의 오른 손바닥에 컵이 올려져 있다. 성체를 물고 온 비둘기는 살며시 컵에 내려놓는다. 컵에서는 오대양의 물이 다섯 줄기로 흘러내린다. 연못에는 연꽃이 피어 있다.

◦──────〈 **키워드 해석** 〉──────◦

메이저 1번 마법사와 연결된 마이너 카드.

비둘기는 평화의 상징이며, 물고 있는 성체는 예수님의 몸을 상징한다. 마음을 열기 시작했으며 편안해진다. 가슴에서 우러나오는 진실한 감정이다. 소소한 다툼이 있었다면 오해를 풀고 화해한다. 그러나 오래된 갈등이나 법정 다툼, 돈과 관련한 문제에서는 오히려 마음을 비우기도 한다. 편안함과 동시에 마음을 비우는 포기의 의미도 있어서 긍정과 부정의 갈림이 있다.

지팡이 에이스

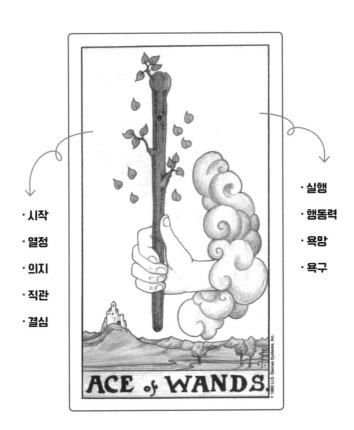

· 실행
· 행동력
· 욕망
· 욕구

· 시작
· 열정
· 의지
· 직관
· 결심

구름에서 나온 신의 오른손이 지팡이를 잡고 있다. 잡은 손 모양에서 지팡이 원소와 같은 의지와 행동력이 느껴진다. 지팡이의 윗부분 가장자리는 마치 남근 모양을 연상케 한다.

메이저 1번 마법사와 연결된 마이너 카드.

할 일에 대하여 마음을 굳게 정했다. 행동 의지가 분명하다. 구체적인 목표가 있으며 적극적으로 실천에 옮긴다. 그러므로 나는 존재하기 시작했다. 일단 시작했지만 그 결과는 알 수가 없다. 행동이 좋은 결과로 이어지는 것만은 아니다. 원소의 힘이 부족할 수 있어서 긍정과 부정의 갈림이 있다.

검 에이스

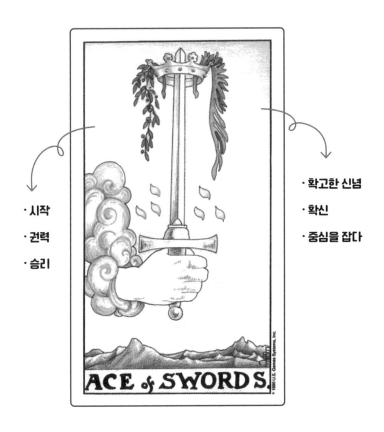

· 시작

· 권력

· 승리

· 확고한 신념

· 확신

· 중심을 잡다

116

구름에서 나온 신의 오른손이 검을 잡고 있다. 그 검 끝에는 왕관이 씌워져 있다. 지팡이 에이스와 달리 검을 잡은 불끈 쥔 주먹의 손등이 보인다. 이로써 의미가 좀 더 확장되어 확고함, 굳건함, 힘을 나타낸다.

· 키워드 해석 ·

메이저 1번 마법사와 연결된 마이너 카드.

올리브와 월계수 이파리가 왕관을 장식하고 있다. 명예와 승리의 왕관이다. 정치 출마를 물었다면 당선으로 이어진다고 해석할 수 있다. 갈등 상황에서는 중심을 잡기 시작했다. '눈에는 눈, 이에는 이' 확고한 신념으로 뜻한 바를 이루겠다는 목표 의식이 강하다. 굳건한 의지와 승리의 확신, 긍정의 의미다. 다만, 확신으로 해석할 때는 어느 방향일지 구분해야 한다. 고집불통의 확신일 수 있다.

펜타클 에이스

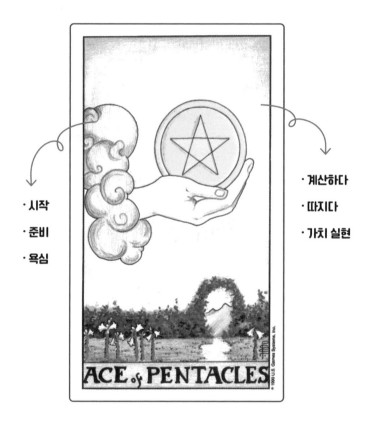

· 시작

· 준비

· 욕심

· 계산하다

· 따지다

· 가치 실현

구름에서 나온 신의 오른 손바닥에 펜타클이 올려져 있다. 울타리 정원 입구는 21번 세계의 화환과 연결할 수 있다. 마치 목표의 완성은 물질적 준비만 잘 되어 있으면 가능하다고 생각하는 듯하다.

메이저 1번 마법사와 연결된 마이너 카드.

욕심이 생기기 시작했다. 계산하고 따지기 시작한다. 어느 정도 준비된 것을 기반으로 더 발전된 물질적 가치를 실현하고자 한다. 펜타클 에이스는 시작이며, 21번 세계는 마무리이자 끝이다. 그러므로 시작과 끝을 연결하는 물질에 대한 강한 집착이 될 수 있다. 가치를 실현하는 긍정의 의미다.

컵 2번

· 맞교환

· 양보

· 창조

· 화합

· 정서적 결합

· 관계 맺기

· 소통

120

사자의 얼굴에는 독수리의 날개가 달려 있다. 지팡이에 두 마리 뱀이 서로 엮으면서 올라간다. 여자와 남자는 컵을 맞교환한다. 그 모습에서 평강공주와 바보온달을 떠올려볼 수 있다.

메이저 2번 여사제와 연결된 마이너 카드.

너와 내가 마음을 나눈다. 맹수의 왕 사자의 얼굴은 강인함을 의미한다. 독수리의 날개는 그리스·로마 신화 제우스를 상징한다. 지팡이의 뱀 두 마리는 헤르메스의 카두세우스 지팡이다. 서로 다른 것이 화합하여 새로운 것을 창조한다. 그들은 진심으로 마음을 합하는 순수한 관계이며, 하나를 얻기 위해 하나를 양보하는 모습이기도 하다. 정서적 통합과 새로운 창조, 긍정의 의미다.

지팡이 2번

· 하나를 이루다

· 계획

· 확장

· 욕심

· 두려움

· 갈등

· 지도자

성안에서 남자가 왼손으로 지팡이를 잡고, 오른손으로 지구본을 들고 서 있다. 오른쪽 벽면에는 하나의 지팡이가 고정되어 있다. 남자는 저 멀리 밖을 바라보며 구상하는 중이다.

메이저 2번 여사제와 연결된 마이너 카드.

확장하고 싶은 욕망은 욕심이 된다. 고정된 지팡이는 이미 이룬 성과다. 이에 만족하기보다 좀 더 확장하기 위해 궁리 중이다. 앞으로 이루려는 계획에 있어 규모, 실현 방법 등을 구상한다. 하지만 새로운 도전보다는 안정적인 확장을 원한다. 그래서 성안에 머물며 밖으로 나가지 않는다. 내면에 '해도 될까?' 하는 두려움이 있다. 내 것이 있지만 다른 것을 탐하기도 한다. 확장과 관련해서는 부정의 의미다.

검 2번

· 심리적 위축
· 신체적 긴장
· 내면적 갈등
· 진퇴양난
· 힘듦

· 두려움
· 불안함
· 고민
· 망설임
· 방치

달밤에 여자는 눈을 가리고 앉아 있다. 양손에는 길이가 같은 검을 엇갈려 잡고 있다. 양 검의 끝이 보이지 않는다. 그만큼 근심, 걱정, 갈등의 끝이 보이지 않음을 의미한다. 근심, 걱정, 갈등은 망설임으로 이어지고 선택을 하지 못하게 만든다. 어느 쪽도 선택하지 못하고 내버려둔다. 무엇이 이리도 힘든 것일까.

메이저 2번 여사제와 연결된 마이너 카드.

달밤을 묘사한 것은 어둠의 상징으로 부정 상황이다. 확신은 있지만 선택하지 못하는 그녀가 두 자루의 검을 잡은 채 갈등하고 있다. 이 일을 할지 말지 혹은 서로 다른 일 중에 무엇을 선택할지 고민하는 것일 수 있다. 스트레스로 인해 심리적 위축, 신체적 긴장 상태이다. 어느 한쪽의 선택도 결코 가볍거나 단순하지 않다. 양쪽 검의 무게와 길이가 똑같기에 선택하지 못하고 결정을 미룬다. 누군가 대신 선택해 주길 바라는 마음으로 이러지도 저러지도 못하고 방치하고 있다. 내면의 갈등이 크고 스트레스가 심한 부정의 의미다.

125

펜타클 2번

· 자신감

· 굴러가다

· 투잡

· 돌려막기

· 계속 진행

· 위험한 전개

· 불안함

· 갈등

펜타클 두 개를 무한궤도 안에서 돌리고 있는 모습이다. 뒤로는 바람이 강하게 불고 있다. 바람으로 인해 해수면이 거칠어지고 높아져 삼각형을 이루는 파도가 일고 있다. 높은 파도 위의 배 두 척이 위험해 보인다.

메이저 2번 여사제와 연결된 마이너 카드.

펜타클의 욕심은 집착이 되어간다. 어느 하나도 놓치고 싶지 않다. 두 개의 펜타클 모두 안전하게 돌릴 수 있다는 자신감이 있다. 풍랑 위의 배 두 척은 위험을 알린다. 위험을 인지한 순간부터는 불안한 채로 돌린다. 하나의 펜타클이 떨어지면 그때는 모두 무너져 내린다. 자신감을 가지고 집중해서 돌려야 한다. 자신감과 불안감이 공존하며 긍정과 부정의 갈림이 있다.

컵 3번

· 설렘의 극대화

· 즐거움

· 기쁨

· 축하

· 우정

· 의기투합

· 화합

세 명의 여자가 컵을 높이 들고 있다. 마치 축하하는 분위기다. 한 여자는 뒷모습만 보인다. 세 여인은 산드로 보티첼리의 그림 〈봄〉에 등장하는 삼미신을 연상시킨다. 원작 그림을 살펴보자. 정중앙 붉은 옷을 입은 비너스 (아프로디테), 비너스의 왼쪽에 이 여신을 수행하는 삼미신이 있다. 비너스 여신을 수행하는 삼미신은 주고받고 되돌려 주는 자비 혹은 순결·미·사랑으로 해석하기도 한다.

메이저 3번 여황제와 연결된 마이너 카드.

우리 모두의 마음과 뜻이 맞아 풍요로운 감정의 화합을 이룬다. 설렘의 극대화이다. 새로운 사람이 합류하여 의기투합하기도 한다. 한마음 한뜻으로 출발해 결실로 이어지는 긍정의 의미다. 다만, 뒷모습에서 뒤돌아서는 의미를 살펴야 한다. 시작할 때의 설렘이 남아 있는 사람은 서운할 수 있다. 마치 믿음이나 의리를 저버리는 배신감을 느끼기도 한다.

지팡이 3번

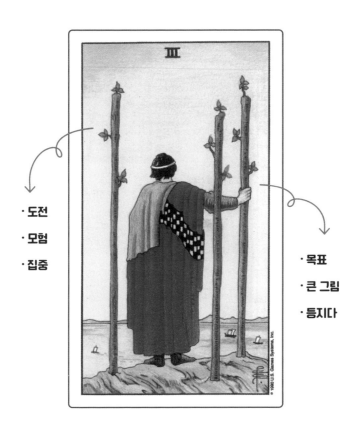

· 도전
· 모험
· 집중

· 목표
· 큰 그림
· 등지다

언덕 위에 서 있는 남자는 저 멀리 바다를 바라보고 있다. 하나의 지팡이를 잡고 나머지 두 개의 지팡이는 삼각 구도로 땅에 박혀 있다. 지팡이 두 개에 하나가 더해지면서 의지와 열정이 좀 더 견고해진 모양새다.

메이저 3번 여황제와 연결된 마이너 카드.

남자는 성 밖으로 나와 새로운 도전을 하고자 한다. 이는 확장에 대한 의지가 분명하며 두려움을 극복했다는 의미다. 전체적인 상황의 규모, 실현 방법 등 목표에 집중하고 있다. 나무가 아닌 숲을 보며 큰 그림을 그린다. 실행하기 직전의 모습으로 2퍼센트 부족한 긍정 의미다. 다만, 뒷모습에서 '등지다'라는 부정의 의미도 살펴야 한다.

검 3번

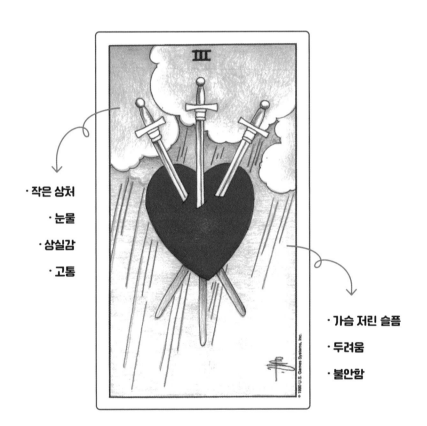

· 작은 상처
· 눈물
· 상실감
· 고통

· 가슴 저린 슬픔
· 두려움
· 불안함

회색 구름에서 비가 내린다. 마치 눈물을 흘리는 것 같다. 심장에는 검 세 자루가 꽂혀 있다. 심장은 붉은색이다. 검이 꽂혀 있는 것만으로도 가 슴에 응어리를 만드는 무거운 상처로 느껴진다. 몸의 반응이 두렵다.

메이저 3번 여황제와 연결된 마이너 카드.

선택을 미루고 방치한 상처다. 우리는 일상생활에서 크고 작은 상실 을 경험한다. 친구, 가족, 재물, 직업, 대인관계 등 다양한 것들이 될 수 있다. 생각했던 갈등이 현실화되고 마음에 상처를 입었다. 다행히도 붉 은 심장은 살아 있다. 쉽지 않겠지만 치유 가능한 상처다. 두려움은 실제 상황보다 상처를 더 크게 받아들이게 한다. 후회와 슬픔의 눈물, 부정의 의미다.

펜타클 3번

· 도움

· 역할 분담

· 건축

· 집 / 상가 수리

· 모임

· 정신적
물질적 소득

· 안정화

· 전문가

· 협력

각자의 역할이 있는 세 명이 모여 협력한다. 이곳은 마치 성당처럼 보인다. 의자에 올라 망치를 잡고 있는 사람, 설계 도면을 들고 있는 사람, 필요한 것을 설명하며 의견을 나누는 사람까지, 건축을 위해 전문가들이 모여 협의하고 있다. 기둥 위로는 세 개의 회색 펜타클이 조각되어 있다.

메이저 3번 여황제와 연결된 마이너 카드.

불안한 마음으로 혼자 펜타클을 돌리던 남자가 도움을 받는다. 성당 건축을 위해 성직자, 건축설계사, 목수 세 명의 전문가가 모여 도움을 주고받는다. 이들은 정신적·물질적 소득을 얻는다. 아직 완성되지 않았기에 회색의 펜타클이다. 몫을 나누어야 하기에 규모가 작을 수 있다. 각자의 역할 분담과 협력을 통해 곧 금색의 펜타클로 완성되어 간다. 그만큼 협력이 중요하다. 삼각 구도로 안정화를 이루는 펜타클, 긍정의 의미다.

컵 4번

· 권태기
· 실망
· 싫증

· 게으름
· 무관심
· 무기력
· 불만족

✦ 인물 읽기 ✦

구름에서 나온 신의 오른손이 컵을 내밀고 있다. 나무 아래 있는 남자는
팔짱을 끼고 앉아 있다. 마치 보리수나무 아래 가부좌를 틀고 앉은 부처
를 떠올리게 한다. 앞에는 세 개의 컵이 세워져 있다.

✦ 키워드 해석 ✦

메이저 4번 황제와 연결된 마이너 카드.

설렘과 흥분이 점점 사라져 감정이 시들시들하다. 서 있는 세 개의 컵
은 가치가 손상되지 않았다. 하지만 원하는 대로 이루어지지 않아 싫증
을 느끼거나 게을러진다. 남자는 새로운 제안에도 무관심하고 의미를 찾
지 못한다. 컵 원소의 숫자 '4'는 감정의 안정으로 오히려 설렘이 사라져
권태로운 상태다. 의욕이 없고 무기력한 부정의 의미다.

137

지팡이 4번

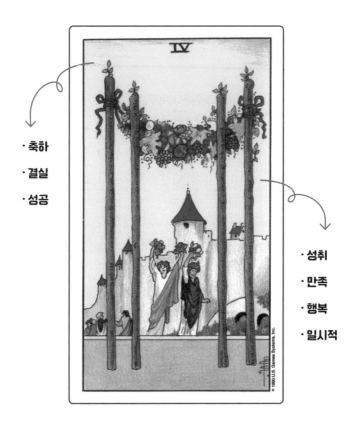

· 축하
· 결실
· 성공

· 성취
· 만족
· 행복
· 일시적

지팡이로 네 개의 기둥을 만들었다. 그 위에는 화환이 이어져 있다. 유대인의 전통 결혼식에서 빠질 수 없는 꽃으로 장식한 후파가 떠오른다. 화환 문 너머에는 성이 보인다. 성 밖의 여인들은 머리에 화환을 썼고, 양손에는 꽃다발을 높이 들고 있다. 한쪽에는 사람들이 앉아 음식을 먹는 모습이다.

메이저 4번 황제와 연결된 마이너 카드.

목표에서 행동으로 이어졌다. 구체적인 노력과 행동의 안정이 성취를 이루었다. 만족하고 기뻐하며 서로를 축하한다. 결실을 이루었으니 그다음을 위해서 노력을 이어가야 한다. 공식적인 축하와 즐거움, 긍정의 의미다. 다만, 성 밖의 사람들은 연회가 끝나면 다시 일상으로 돌아가야 하는 '일시적'인 축하의 의미가 있다. 이는 예외적인 해석으로 적용한다.

검 4번

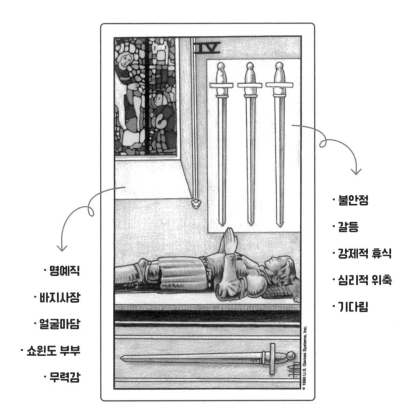

· 명예직

· 바지사장

· 얼굴마담

· 쇼윈도 부부

· 무력감

· 불안정

· 갈등

· 강제적 휴식

· 심리적 위축

· 기다림

성당 창문이 보인다. 돌로 만든 석관 위에 남자가 두 손을 모은 채 누워 있다. 세 자루의 검 끝이 그를 향해 있다. 석관 아래에는 한 자루의 검이 같이 눕혀져 있다. 마치 템플기사단이 치명적인 누명을 쓰고 강제 해산된 후 한 명씩 석관에 누워 있는 상황 같다.

메이저 4번 황제와 연결된 마이너 카드.

심장에 꽂힌 상처를 치유하지 못했다. 허탈하고 맥 빠진 느낌이다. 부여받은 직위는 높지만 실제적인 권한은 없다. 실속은 없고 겉만 그럴듯하다. 할 수 있는 것이 아무것도 없으며, 스스로도 힘이 없음을 알고 있다. 그저 무기력하게 때를 기다린다. 그때가 오면 같이 누워 있는 검을 들고 나가리라. 심리적 위축과 무력감, 부정의 의미다.

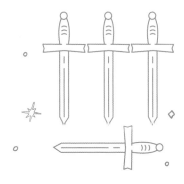

펜타클 4번

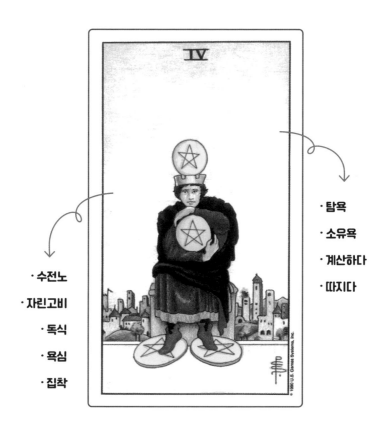

· 탐욕
· 소유욕
· 계산하다
· 따지다

· 수전노
· 자린고비
· 독식
· 욕심
· 집착

142

머리에는 왕관이 씌워져 있다. 그 왕관 위에 펜타클이 올려져 있다. 가슴으로는 펜타클을 끌어안고, 두 발로는 펜타클을 밟고 있다. '돈을 못받는 거 아냐?' 하고 걱정하는 듯, 목숨보다 물질을 더 중시하는 구두쇠 스크루지 영감을 연상케 한다. 뒤에 있는 왕국은 자신의 것이다.

메이저 4번 황제와 연결된 마이너 카드.

물질의 안정이 욕심과 집착으로 이어진다. 재물을 아끼는 정도가 미덕을 넘어서 집착 수준이다. 더불어 남의 돈도 내 돈으로 여기고자 한다. 내 것이 될 수 있겠다 판단되면 소송도 마다하지 않는다. 평생 모은 재산이라도 저승에는 한 푼도 가져가지 못한다. 머리에 이고 가슴에 품고 갈텐가. 현실적 안정을 이루기도 하지만 과한 욕심은 손에 잡히지 않는다. 긍정과 부정의 갈림이 있다.

컵 5번

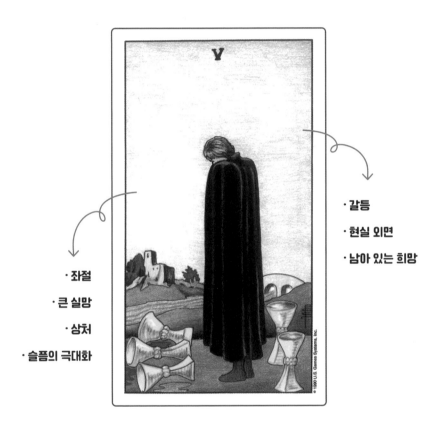

·갈등

·현실 외면

·남아 있는 희망

·좌절

·큰 실망

·상처

·슬픔의 극대화

검은 망토를 입고 고개 숙인 남자 앞에 세 개의 컵이 쓰러져 있다. 뒤로는 두 개의 컵이 서 있다. 기원전 323년 알렉산더 대왕이 바빌론에서 죽음을 맞이했을 때부터 검은색이 애도의 빛깔이 되었다고 한다. 그리고 고대 로마 시대에 이르러 검은색은 상복의 상징색으로 자리매김했다.

◦━━━━━━◦━━━━━━◦＜ **키워드 해석** ＞◦━━━━━━◦━━━━━━◦

메이저 5번 교황과 연결된 마이너 카드.

권태로움을 빨리 극복했어야 했다. 검은 망토를 입고 고개 숙인 남자의 슬픔이 크게 다가온다. 쓰러진 세 개의 컵에서 그는 좌절을 경험했다. 뒤에 온전히 서 있는 두 개의 컵은 남아 있는 희망이다. 그러나 큰 실망으로 뒤돌아볼 마음의 여유가 없다. 돌아서면 다시 회복될 가치는 남아 있다. 마음이나 뜻이 꺾인 부정의 의미다.

지팡이 5번

· 모의 전투

· 소소한 다툼

· 내부 갈등

· 외부 갈등

· 경쟁자

146

청년 다섯 명이 가볍게 싸우는 모습이다. 실제 상황에 대비해 모의 전투를 하고 있다. 모의 전투를 점검하며 의견을 나누다 갈등으로 번질 수 있다. 청년들은 사뭇 진지한 표정으로 임한다. 누가누가 이기나 경쟁을 하는 모습으로도 보인다.

메이저 5번 교황과 연결된 마이너 카드.

실제 전투를 재연한다. 이는 실제 상황이 아니므로 큰 싸움이 일어날 갈등으로 작용하지는 않지만 소소한 다툼으로 연결될 수 있다. 함께 결실을 이룬 후에 내부적인 문제로 시작된 갈등이 겉으로 드러나고 있다. 어떤 목적을 두고 이기거나 앞서려는 다수의 경쟁자가 나타날 수도 있다. 겉으로 드러난 갈등과 내부적인 문제를 점검해야 하므로 부정의 의미다.

검 5번

· 패배자

· 자존심 훼손

· 배신

· 비열한 승리자

✦인물 읽기✦

세 명의 등장인물이 있다. 검 세 자루를 잡고 웃고 있는 남자는 비열한 승리자다. 저 멀리 고개를 숙인 남자는 패배자다. 뒷모습을 보이며 중간에 있는 남자는 두 사람 사이의 원인 제공자다. 바닥에는 두 자루의 검이 팽개쳐져 있다.

✦키워드 해석✦

메이저 5번 교황과 연결된 마이너 카드.

때를 기다려 싸우러 나갔지만 패배하였다. 정정당당한 승부가 아니다. 비열한 배신으로 뒤통수를 맞고 칼을 빼앗겼다. 몹시 불쾌하며 자존심도 훼손됐다. 바닥에 있는 두 자루의 검은 버리는 한이 있더라도 편법을 사용한 비열한 승리자에게 줄 수는 없다. 그 때문에 승리를 하더라도 다 차지하지는 못한다. 갈등이 구체화되며 부정 의미다. 다만, 비열한 승리자 입장에서 긍정의 의미도 함께 살펴야 한다.

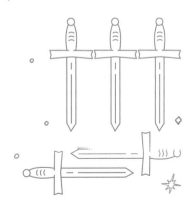

펜타클 5번

· 근심

· 고생

· 걱정

· 정신적
  육체적 힘듦

· 갈등 유지

눈이 내리는 추운 겨울밤이다. 성당으로 보이는 창문에서 펜타클의
불빛이 새어 나온다. 맨발의 여자는 초췌한 차림으로 눈이 쌓인 길을 걸
어가고 있다. 뒤로는 다리를 다친 남자가 목발을 짚고 따로 걷는다. 남자
의 목에 금종이 걸려 있다.

◇───────────◁ **키워드 해석** ▷───────────◇

메이저 5번 교황과 연결된 마이너 카드.

추운 겨울 그들에겐 무슨 일이 생긴 것일까. 나누어야 할 몫을 독식하
지 말았어야 했다. 가족, 재물, 직업, 대인관계 등에서 겪은 근심과 고생
으로 얼굴이나 몸이 여위었다. 같이 나아가고 있으나 각자의 힘듦으로
서로에게 의지가 되지 못한다. 남자의 금종 목걸이는 과거의 행복일 뿐
이다. 현실적인 어려움이 커 주변을 둘러보거나 도움을 청할 여력이 없
다. 춥고 힘든 부정의 의미다.

컵 6번

· 회상

· 아련한 추억

· 향수에 젖다

· 추억 속의 재회

· 평온함

· 안정

성인의 모습을 한 작은 여자가 몸집이 큰 아이에게 꽃이 든 컵을 주고 있다. 이들은 동일 인물이다. 여섯 개의 컵에는 도라지꽃이 피어 있다. 배경에는 창을 잡고 걸어가는 뒷모습의 사람이 작게 보인다. 이들을 지켜 주는 사람이다.

◆ 키워드 해석 ◆

메이저 6번 연인과 연결된 마이너 카드.

우리는 나이만 먹었을 뿐 여전히 아이일지 모른다. 현재의 나는 몸집은 크지만, 아이와 같다. 과거의 나는 몸집은 작지만, 현재보다 좀 더 성숙했다. 과거의 추억과 남아 있는 희망이 현재와 연결되고 있다. 아픈 기억의 상처는 치유되고, 아름다운 추억만 아련하게 남는다. 마치 추억 속 첫사랑과의 재회 같다. 과거를 바탕으로 현재의 안정화를 이루는 긍정 의미다. 다만, 과거만 그리워하는 집착, 부정의 의미도 함께 살펴야 한다.

지팡이 6번

· 정신적
기술적 협력

· 목적 달성

· 명예

· 승리

· 성과

도포로 장식한 백마에 월계관을 쓴 남자가 타고 있다. 손에 쥔 지팡이에는 또 하나의 월계관이 매달려 있다. 그 주변으로 여럿이 축하해주고 있다. 도포로 장식한 백마는 승리를 이루거나 신분이 높은 사람이 탈 수 있다.

메이저 6번 연인과 연결된 마이너 카드.

혼자만의 승리가 아니다. 내부적 갈등이 있던 이들을 협력으로 이끌었다. 구성원 간 정신적·기술적으로 협력하면서 연대를 이룬 성과이다. 월계관을 쓴 남자가 주된 역할을 하였다. 그는 지팡이에 매단 또 하나의 월계관을 같이 애쓰고 협력해준 고마운 이에게 씌워주기 위해 준비했다. 난관이 있어도 함께하는 사람이 있기에 극복할 수 있다. 결실을 이룬 긍정의 의미다. 갈등 상황에서는 남의 공을 가로채는 의미를 살펴야 한다.

검 6번

· 야반도주

· 스틱스강

· 요단강

· 갈등 유지

· 근심

· 걱정

156

아픔을 겪은 듯 아이와 여자가 웅크린 채 앉아 있다. 남자는 노를 저어 강 건너편으로 이동한다. 아직 도착한 것은 아니다. 짐 대신 배 앞머리에 검 여섯 자루가 꽂혀 있다. 이 여섯 자루의 검을 하나씩 뽑으면 오히려 배에 물이 차 가라앉을지도 모른다. 오른쪽 강물은 출렁이지만, 왼쪽 강물은 잔잔하다. 산 자와 죽은 자의 경계를 가진 강이기도 하다.

메이저 6번 연인과 연결된 마이너 카드.

패배의 아픔과 같이 떠날 수밖에 없는 갈등 상황이다. 노를 젓는 남자 또한 아픔을 품고 있다. 갈등을 묻어 둔 채 목적지로 향한다. 갈등을 해결하려 꽂혀 있는 여섯 자루의 검을 하나씩 뽑는다면 오히려 상황이 악화된다. 지금은 묻어두는 게 더 나은 상황이다. 갈등이나 근심, 걱정을 묻어 두고 변화를 위해 떠나지만 해소되지 않는다. 갈등의 유지, 부정의 의미다.

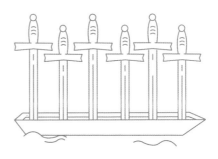

펜타클 6번

· 주관하는 자

· 소득분배

· 실적제 급여

· 작은 베풂

· 도움을 받거나 줌

· 기다리는 자

너저분한 천을 덮고 앉아 있는 이들에게 서서 적선을 베풀고 있는 남자. 그의 손에 저울이 들려 있다. 저울이 의미하는 것은 무엇일까. 등장 인물 위에 펜타클 위치는 세 개, 한 개, 두 개로 나누어져 있다. 가진 것이 없는 이들에게 도움을 주고 있지만 계산적이다.

메이저 6번 연인과 연결된 마이너 카드.

만족스럽고 넉넉한 베풂은 아니지만, 누군가의 도움으로 현실적 어려움이 어느 정도는 해결된다. 저울은 공정해야 함을 강조한다. 앉아서 베풂을 기다리는 두 명에게 펜타클이 세 개씩 나뉘어야 하지만, 베푸는 자 위에도 하나의 펜타클이 있다. 자신의 몫을 챙기는 것도 잊지 않았다. 그리고 노력한 만큼의 분배이기도 하다. 자신이 주도하느냐 기다리는 사람이냐에 따라 긍정과 부정의 갈림이 있다.

컵 7번

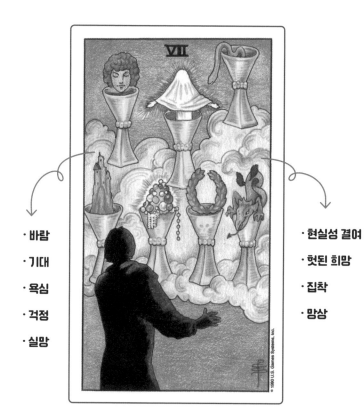

· 바람
· 기대
· 욕심
· 걱정
· 실망

· 현실성 결여
· 헛된 희망
· 집착
· 망상

구름 위에 다양한 것을 담은 일곱 개의 컵이 놓여 있다. 컵을 바라보는 사람의 형체가 분명하지 않다. 갖고 싶어도 가질 수 없어 바라만 볼 뿐 눈앞에 놓인 컵을 잡지 못했다. 사람의 형체는 검은 그림자로 마치 뜬구름 잡는 허황된 꿈같다.

메이저 7번 전차와 연결된 마이너 카드.

과거를 그리워하며 막연하고 허황한 것을 좇는다. 현실과는 동떨어진 기대감으로 구름 위에 놓인 일곱 개의 컵을 모두 갖고자 한다. 바람은 욕심일 뿐 어느 것 하나도 손에 넣을 수 없다. 원하는 바를 이루지 못할까 봐 근심, 걱정이 앞서기도 한다. 기대했으나 이루어지지 않아 실망한다. 현실성 없는 헛된 희망, 부정의 의미다.

지팡이 7번

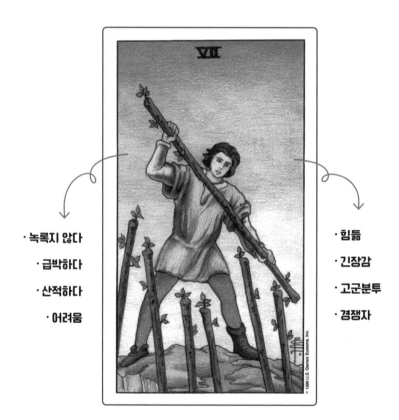

· 녹록지 않다

· 급박하다

· 산적하다

· 어려움

· 힘듦

· 긴장감

· 고군분투

· 경쟁자

높은 곳에 올라 1대 6으로 서로 맞서서 버티고 있다. 남자의 표정에 긴박함이 묻어난다. 다급한 나머지 신발도 짝짝이다. 녹록하지 않은 상황이다. 이 상황을 어떻게 헤쳐나가야 할까.

메이저 7번 전차와 연결된 마이너 카드.

협력하면서 이룬 성과 뒤로 아직도 해결해야 할 문제들이 산적해 있다. 넘어야 할 과제들이 많다. 경쟁자가 많은 상황이기도 하다. 신발을 짝짝이로 신고 나올 정도로 준비가 덜 되었다. 힘들고 무모할지도 모른다. 다소 유리한 높은 곳에 자리 잡았기에 포기할 수 없다. 열정과 의지를 다해 스스로 해결해야 한다. 어려움을 극복하고 싶지만, 쉽지 않은 상황이기에 긍정과 부정의 갈림이 있다.

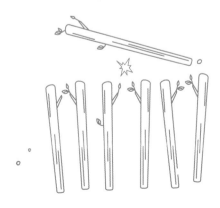

검 7번

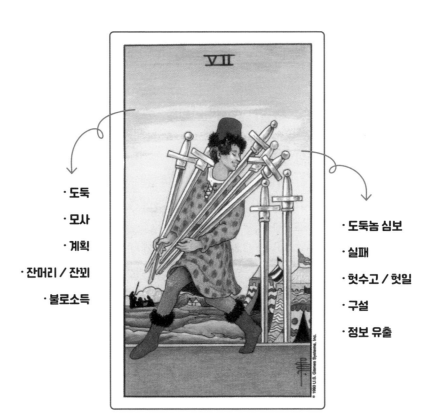

· 도둑

· 모사

· 계획

· 잔머리 / 잔꾀

· 불로소득

· 도둑놈 심보

· 실패

· 헛수고 / 헛일

· 구설

· 정보 유출

전쟁터의 막사가 그려져 있다. 남자는 적의 막사에서 무기를 훔치고 있다. 마치 성공한 듯 웃고 있다. 양손으로 다섯 자루 검의 칼날을 잡고 있다. 두 자루의 검은 땅에 박혀 있다.

메이저 7번 전차와 연결된 마이너 카드.

갈등은 묻어둔 채 목적지로 향했으나 모사가 진행된다. 손쉽게 작은 이익을 얻기 위해 몰래 일을 꾀한다. 노력하지 않고 부도덕한 방법으로 불로소득을 원한다. 과연 성공할 수 있을까. 다섯 자루 검의 칼날을 잡은 탓에 불안정하고 위험해 보인다. 땅에 박혀 있는 두 자루의 검도 가져가야 했다. 정작 중요한 것을 놓치고 있는 모양새다. 긍정적인 결과를 기대하기에는 무리가 있는 부정의 의미다.

펜타클 7번

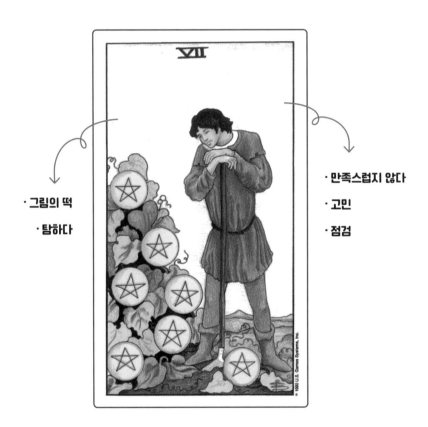

· 그림의 떡

· 탐하다

· 만족스럽지 않다

· 고민

· 점검

166

나무에 여섯 개의 펜타클 열매가 주렁주렁 매달려 있다. 남자의 다리 사이에 한 개의 펜타클이 놓여 있다. 농기구에 두 손을 괴고 만족스럽지 않은 표정으로 나무 열매를 바라보고 있다.

· 키워드 해석 ·

메이저 7번 전차와 연결된 마이너 카드.

현재 소유물이나 작은 베풂 혹은 분배된 나의 것에 만족스럽지 않다. 다리 사이에 놓여 있는 하나의 펜타클은 나의 것이다. 나무에 걸려 있는 여섯 개의 펜타클은 가질 수 없는 그림의 떡이다. 수확할 시기가 아닌데 미리 떨어진 하나의 펜타클로 인해 고민이다. 계획을 점검하면서 만족스럽지 않은 상황이기도 하다. 가진 것이 있어도 만족하지 못하는 부정의 의미다.

167

컵 8번

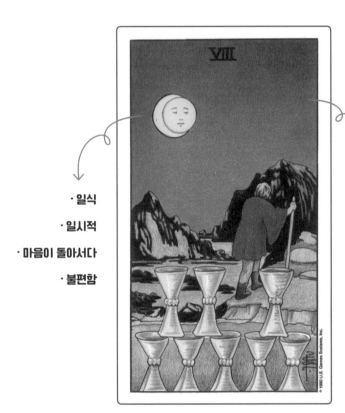

· 일식

· 일시적

· 마음이 돌아서다

· 불편함

· 실망

· 내적인 변화

· 미련

· 후회

하늘에 태양과 달이 겹쳐 있다. 달이 태양의 일부나 전부를 가리고 있는 일식이 진행 중이다. 여덟 개의 컵이 서 있다. 지팡이를 짚고 어디론가 떠나는 남자의 뒷모습이 보인다.

메이저 8번 힘과 연결된 마이너 카드.

밤이라고 볼 수 없다. 달이 태양을 가려 일시적인 어둠이 찾아온다. 순간적으로 태양의 명확함을 달의 모호함이 가린다. 기대했으나 손에 잡지 못한 실망감이 크다. 일시적으로 부정적인 마음이 생겨 돌아서고 있다. 스스로 돌아섰지만 미련이 남는다. 가치의 손상 없이 컵 여덟 개가 온전히 서 있다. 돌아올 곳이 남아 있다. 다시 돌아올지에 대한 여부는 떠나간 자의 선택이다. 일시적인 어둠이 찾아오므로 부정의 의미다.

지팡이 8번

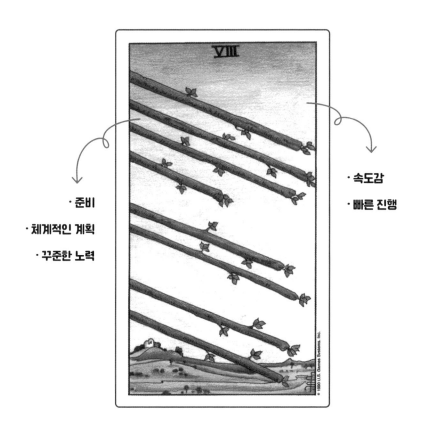

· 준비
· 체계적인 계획
· 꾸준한 노력

· 속도감
· 빠른 진행

지팡이 여덟 개가 공중에 날아가는 모양을 순간적으로 포착했다. 중력 때문에 이내 땅으로 떨어질 것이다. 일이 속도감 있게 진행된다. 지팡이가 네 개, 두 개, 두 개로 가지런한 모습이다. 준비해야 할 것이 많다.

⟡ 키워드 해석 ⟡

메이저 8번 힘과 연결된 마이너 카드.

덜된 준비로 녹록하지 않은 상황이지만 전열을 가다듬는다. 지팡이가 땅에 안정되게 박히기 위해서는 정신, 생각, 마음을 바로 차리거나 다잡아야 한다. 새로운 준비가 필요하며 체계적인 계획을 세워야 한다. 그 계획을 바탕으로 최선을 다해 꾸준히 노력할 때다. 서두르기만 하는 것은 의미가 없다. 준비된 자에게만 긍정의 의미다.

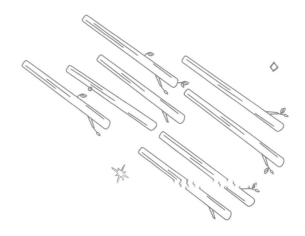

검 8번

· 생각의 감옥

· 학습된 무기력

· 심리적 위축

· 신체적 긴장

· 두려움

· 불안함

· 자신감 부족

· 심리 반영

여자는 눈을 가리고 자기 자신을 포박했다. 그녀를 둘러싸고 있는 여덟 개의 검이 땅에 박혀 있다. 마치 감옥을 연상시킨다. 무엇이 그토록 두려운 것일까. 그녀를 힘들게 하는 것은 무엇일까.

+ 키워드 해석 +

메이저 8번 힘과 연결된 마이너 카드.

손쉽게 작은 이익을 얻으려다 실패하였다. 마음속 깊은 곳에 자리한 부정적인 생각에서 벗어나지 못하고 있다. 단정 짓고 아무 말도 들으려 하지 않는다. 노력해봤자 성공할 수 없다고 느낀다. 성공할 수 없으니 아무것도 하지 않으려는 학습된 무기력이다. 부정적 자기 인식의 덫에 빠져 자기 가치를 저평가하지 말아야 한다. 스스로 두려움을 극복해야 한다. 심리적 위축과 자신감 부족으로 부정의 의미다. 다만, 심리 반영도 함께 살펴야 한다.

펜타클 8번

· 인내심

· 참을성

· 꾸준함

· 성실함

· 안정된 소득

· 전문가

· 장인정신

· 한 우물만 파다

남자는 펜타클 원소를 세공하고 있다. 그는 숙련된 손기술의 전문가다. 한 가지에만 집중한다. 기둥에는 세공을 마친 여섯 개의 펜타클이 매달려 있다. 바닥에는 세공을 기다리는 한 개의 펜타클이 있다.

메이저 8번 힘과 연결된 마이너 카드.

만족스럽지 않은 상황을 접어 두고 일에만 집중한다. 땀을 흘리지 않으면 아무것도 얻을 수 없다. 노력은 배신하지 않는다. 그는 온 마음을 다해 물건을 만들며 한길만 걸어온 세공 장인이다. 오랜 인내와 꾸준한 노력이 결실의 열매가 되어 차곡차곡 쌓여 간다. 비로소 안정된 기반이 갖추어져 간다. 미래는 희망적이지만 시간이 오래 걸린다. 다만, 일에만 전념하는 '바쁘다'의 의미도 살펴야 한다.

컵 9번

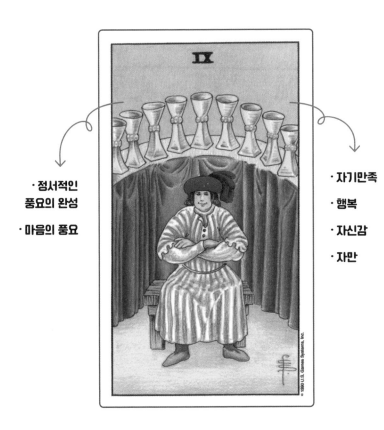

· 정서적인
  풍요의 완성

· 마음의 풍요

· 자기만족

· 행복

· 자신감

· 자만

둥그렇게 자리 잡은 탁자 위에 아홉 개의 컵이 놓여 있다. 그 앞쪽에 앉아 있는 남자는 팔짱을 끼고 만족스러운 듯 미소를 짓고 있다. 이웃들과 포도주를 함께 마시고 돌아온 것에 기쁨을 나누며 건배할 것이다.

◆ 키워드 해석 ◆

메이저 9번 은둔자와 연결된 마이너 카드.

일시적으로 돌아섰던 마음을 다잡고 되돌아왔다. 조금 모자라도 부족해도 괜찮다. 부자는 행복하고 가난한 사람은 불행한가. 모든 부의 원천은 마음이다. 물질 욕심을 내지 않고 현재 가진 것에 만족한다. 마음이 풍요로워야 진정한 부자다. 집착에서 벗어나 나만의 만족으로 행복을 느끼며 자신감으로 가득 차 있다. 이 정도면 됐다는 만족감을 느낀다. 그러나 '나만의 만족'으로 끝나는 아쉬움이 있다. 자신감이 자만이 되지 않도록 주의해야 한다.

지팡이 9번

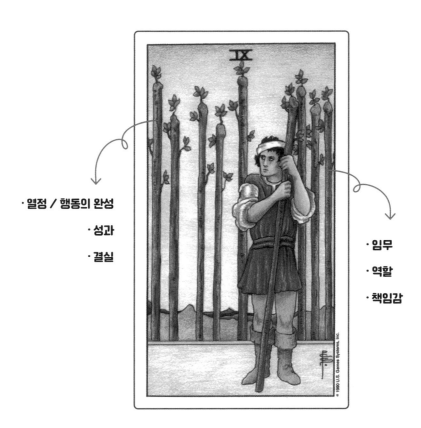

· 열정 / 행동의 완성

· 성과

· 결실

· 임무

· 역할

· 책임감

남자 뒤로 지팡이 여덟 개가 땅에 박혀 있다. 결의를 다지듯 머리띠를 두르고 하나의 지팡이를 잡고 서 있다. 그에게는 신이 준 중요한 임무가 있다. 충실하게 이행할 것이다.

메이저 9번 은둔자와 연결된 마이너 카드.

공중에 날아가던 여덟 개의 지팡이가 안정되게 땅에 박힌다. 남자가 이루어 놓은 결과물이다. 그 결실이 끝이 아니다. 아직 마지막 역할이 남아 있다. 뜻을 정하여 마음을 굳게 가다듬는다. 확장보다는 이뤄놓은 성과를 유지하고 지켜야 한다. 중요한 임무를 수행하며 맡은 바 책임을 다하는 긍정 의미다. 다만, 많은 일에 벅차거나 힘들지 않은지 살펴야 한다.

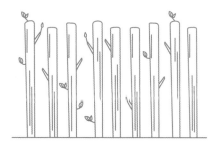

검 9번

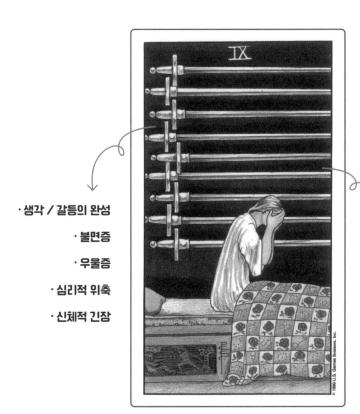

·생각 / 갈등의 완성

· 불면증

· 우울증

· 심리적 위축

· 신체적 긴장

· 괴로움

· 고통

· 심리 반영

　이부자리에 앉아 손에 얼굴을 파묻고 있다. 몹시 괴로운 모습이다. 그녀의 위로 끝이 보이지 않는 아홉 개의 장검이 나란히 배열되어 있다. 검 아홉 개만큼의 근심, 걱정, 갈등의 끝이 보이지 않아 머리가 지끈지끈 아프다. 그로 인해 잠 못 드는 밤이다.

◦━━━●━━━✕ **✦키워드 해석✦** ✕━━━●━━━◦

　메이저 9번 은둔자와 연결된 마이너 카드.

　부정적 생각에서 한층 더 심해진 상황이다. 두려움을 넘어 최악의 상황을 의심하고 끝없는 상상으로 괴로움을 자처한다. 심증만 있을 뿐 일어나지도 않은 일에 대한 스트레스로 심리적 위축, 신체적 긴장 상태이다. 우울함이 지속되고, 악몽으로 잠을 이루지 못할 수도 있다. 언행에 대하여 잘못이나 부족함이 없는지 과도한 자기반성 혹은 후회를 하는 모습이기도 하다. 빠져나올 수 없을 것 같은 심리적 함정에서 벗어나야 한다. 부정적 상상으로 인한 고통이 끝이 없는 부정의 의미다. 다만, 심리 반영도 함께 살펴야 한다.

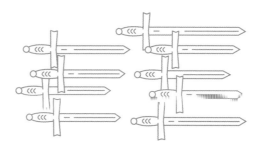

펜타클 9번

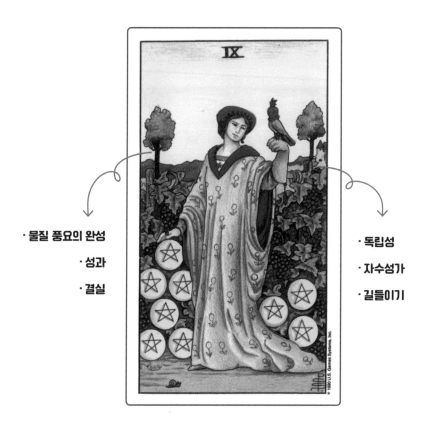

· 물질 풍요의 완성

· 성과

· 결실

· 독립성

· 자수성가

· 길들이기

182

포도 넝쿨이 풍성한 정원에 아홉 개의 펜타클이 매달려 있다. 장갑을 낀 여자의 손에 눈가리개를 한 매가 얌전히 앉아 있다. 바닥에는 달팽이가 기어가고 있다. 달팽이는 이슬만 먹으며 번식할 수 있는 자웅동체로 중세 교회에서는 처녀 임신의 진실성을 보증하는 생물로 여기기도 했다.

✦ 키워드 해석 ✦

메이저 9번 은둔자와 연결된 마이너 카드.

꾸준한 노력의 결실이 차곡차곡 쌓여 있는 풍요로운 정원이다. 이제 노력한 만큼 누릴 시간이다. 노력한 자가 누리는 자신만의 쾌락! 남에게 의지하거나 구속되지 않고 홀로 서려는 그녀다. 이뤄놓은 풍요를 같이 누리기 위해서는 매를 길들이듯 상대를 길들인다. 상대가 원하지 않으면 혼자서 즐긴다. 스스로 일군 풍요는 긍정의 의미다.

컵 10번

· 가족의 완성

· 안정된 가정

· 행복

· 화목

· 평화

· 높은 이상

하늘에는 무지개가 자태를 뽐내고 있다. 열 개의 컵은 그 무지개에 가지런히 걸려 있다. 무지개 아래 아이들이 손을 맞잡고 뛰놀고, 엄마와 아빠는 무지개를 향해 팔을 벌리고 있다. 행복한 가족의 완성을 이룬 모습이 묘사되었다.

◦───────◁──── **✦키워드 해석✦** ────▷───────◦

마이너 10번은 메이저 10번이나 1번 카드와 연결하지 않는다.

완성수 9에서 더 욕심내지 말고 멈추어야 한다. 예외적으로 컵 원소는 종교와 연결하여 9를 넘어선 마음의 행복, 가장 큰 사랑의 완성이다.

나만의 만족을 넘어선 우리의 만족이다. 무지개는 증표로 보이시며 약속한 신의 언약이다. 신은 사랑으로 생육하고 번성하는 출산이 이루어졌을 때, 가족의 완성을 이룬 그 가정에 평화와 행복을 약속했다. 비 온 뒤 고운 일곱 색이 가지런히 피어난다. 웃는 듯한 무지개는 보기만 해도 행복감을 준다. 안정된 가정은 곧 마음의 평화이자 행복이다. 가정과 관계된 질문에는 긍정 의미, 그 외 질문에서는 이상이 너무 높아 현실성이 떨어지는 부정의 의미다.

지팡이 10번

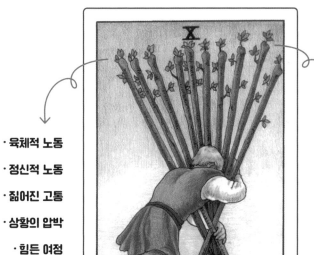

· 육체적 노동

· 정신적 노동

· 짊어진 고통

· 상황의 압박

· 힘든 여정

· 피로감

· 업무 과중

· 벅찬 노력

· 부담감

무거워 보이는 열 개의 지팡이를 나르고 있는 남자의 뒷모습이 보인다. 저 멀리에 마을이 보이지만, 아직 한참을 걸어가야만 집에 도착할 수 있을 것이다. 하나의 지팡이도 떨어트리지 않고 조심스럽게 짊어지고 가야 한다.

◆ 키워드 해석 ◆

마이너 10번은 메이저 10번이나 1번 카드와 연결하지 않는다.

성과를 유지하고 지키며 욕심내지 말았어야 했다. 힘겨운 노동으로 육체적·정신적 부담감에 짓눌린 남자의 뒷모습이다. 가야 할 목적지가 너무 멀게만 느껴진다. 지나친 열정으로 힘에 벅차다. 어쩔 수 없는 상황에서 스스로 짊어진 고통이기도 하다. 하나를 놓쳐 다시 잡으려 하면 와르르 무너질 수도 있다. 모두 내려놓고 쉬어가야 한다. 휴식이 필요한 부정의 의미다.

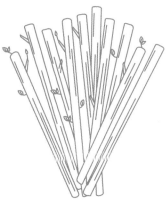

검 10번

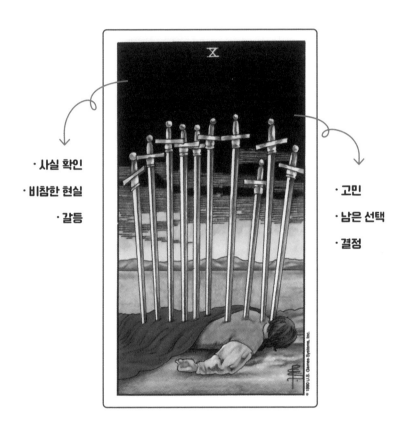

· 사실 확인

· 비참한 현실

· 갈등

· 고민

· 남은 선택

· 결정

바닥에 엎드려 누워 있는 남자의 등에 열 개의 검이 꽂혔다. 등에 검이 꽂혔다는 것은 배신의 의미가 있다. 이는 모르고 당하는 일이나 예상하지 못한 사실을 알게 되는 상처다. 새벽녘 동이 튼다. 어둠을 밀어내고 있다. 선택의 순간이 다가오고 있다.

마이너 10번은 메이저 10번이나 1번 카드와 연결하지 않는다.

상상은 그쯤에서 멈추었어야 했다. 부정적으로 상상했던 정황들이 비참한 현실이 되었다. 사실 확인으로 감정적 고통에서는 벗어나지만, 검에 찔린 상처는 안고 가야 한다. 생각의 죽음, 부정의 의미다. 아직 하늘 높이 어둠이 짙게 깔려 있다. 먼 산언저리에는 동이 트기 시작한다. 이는 상처를 안고 새롭게 시작해야 하는 선택이 남아 있으며, 결정해야 한다.

펜타클 10번

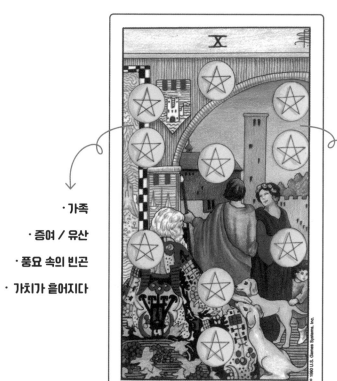

· 가족

· 증여 / 유산

· 풍요 속의 빈곤

· 가치가 흩어지다

· 퇴색되다

· 고려장

· 데면데면

· 서먹서먹

자리하고 있는 노인에게 두 마리의 개가 다가와 있다. 자녀와 손주가 옆에 있지만, 노인은 그들이 아닌 개를 바라보고 있다. 모여 있는 자손들 틈에 섞이지 못하고 혼자 있는 듯한 노인에게서 외로움이 느껴진다.

키워드 해석

마이너 10번은 메이저 10번이나 1번 카드와 연결하지 않는다.

노력하지 않은 자녀에게 물려주지 말았어야 했다. 쓰고 남은 재산은 사회에 환원해야 한다. 땀의 가치를 모르는 그들은 펜타클의 가치도 모른다. 부모로부터 물려받은 재산을 소중히 하지 않고 낭비하며 즐거워하는 모습이다. 펜타클의 가치를 이룬 자는 노인이지만 자손들은 등한시한다. 물질의 가치를 추구할수록 행복은 더 멀어진다. 쓸 만큼 재물이 들어오나 손에 남지 않고 흩어지는 풍요 속의 빈곤이다. 긍정과 부정의 갈림이 있다.

끝내며

저자의 말

이론 이해와 실전 사례 합본으로 《감정 읽기 리아 타로》 책을 텀블벅 펀딩 하는 중에 이야기공간출판사로부터 제안을 받았다. 이론 이해와 실전 사례를 분권해서 내자는 것이다.

이 제안을 따르면, 《감정 읽기 리아 타로》는 합본 / 이론 이해 편 / 실전 사례 편 이렇게 세 가지 버전으로 탄생한다. 분권하면 타로를 공부하는 이들이 자신에게 맞는 책을 선택할 수 있으니 괜찮겠다는 생각이 들었다. 그렇게 해서 이 책 《감정 읽기 리아 타로 – 이론 이해 편》을 내놓게 되었다.

타로에 관심이 생겨 배우려고 검색하면 인터넷과 유튜브에 많은 내용이 넘쳐난다. 독학하기에 충분한 자료가 그만큼 많아졌다. 홍수처럼 쏟아지는 정보에서 이치에 맞지 않는 오류를 점검하는 것은 정말 중요하다. 정보를 처음 접할 때는 비교치가 없어서 어떤 내용이 신뢰할 만한지 구별이 어렵기 때문에 좋은 정보를 찾아내는 것이 과제이기도 하다.

독학하다 보면 궁금한 사항이 생겨도 질문할 곳이 없어 해소하지 못한 채 생각이 굳어진다. 또한 첫사랑처럼 처음 접한 타로 정보가 기억에 가장 오래 남는다. 그러다 보면 새로운 정보를 받아들이지 않고 오류를 수정하지 않으려는 고집이 생긴다. 이 부분이 가장 아쉽다.

쉽게 배우고 싶은 마음은 이해한다. 하지만 타로는 알면 알수록 그리 쉬운 학문이 아니다. 처음부터 이론을 온전히 잘 배워둬야 결국 시간을 절약하는 지름길이라고 강조하고 싶다. 더불어 그동안 잘못 알려진 오류를 바로잡는 것이 매우 중요하다.

키워드는 의미를 함축하여 핵심 단어로 나열한 것이기에 의미가 무엇인지 알아야 하고, 또한 타로를 뽑아서 해석할 때도 이유를 설명할 수 있어야 한다. 타로 한 장 한 장에는 하나의 키워드만 있는 게 아니기에 각 사례에 맞는 의미를 명확히 적용해 해석하길 바란다.

78장 타로는 다음과 같이 5가지로 분류할 수 있다.

첫 번째, 강한 긍정 유형

두 번째, 약한 긍정 유형

세 번째, 강한 부정 유형

네 번째, 약한 부정 유형

다섯 번째, 긍정과 부정의 갈림 유형

이에 따라 해석이 달라진다. "~할 수 있을까?"라는 질문은 내담자의 선택이 아니라 기다려야 하는 질문에 속한다. 긍정의 대답으로 읽으려면 강한 긍정 유형의 타로가 뽑혀야 가능하다. 그러므로 이론에서 개념을 잘 잡아야 한다.

더불어 타로 78장은 긍정 유형이더라도 부정의 의미로 연결해야 하며, 부정 유형이더라도 긍정의 의미를 고민해야 한다.

이 책을 읽는 여러분이 정보 오류를 수정해 가고, 한 걸음 더 깊이 있게 타로의 세계로 나아갈 수 있기를 소망한다.

타로 분석가 김리아

감정 읽기 리아 타로 이론·이해 편

초판 1쇄 발행 2023년 7월 7일

지은이 김리아
펴낸이 유지서

펴낸곳 이야기공간 ✦ 출판등록 2020년 1월 16일 제2020-000003호
주소 04071 서울특별시 마포구 독막로 10, 성지빌딩 606호 (합정동)
전화 070-4115-0330 ✦ 팩스 0504-330-6726 ✦ 이메일 story-js99@nate.com
블로그 blog.naver.com/story_js2020
인스타그램 https://www.instagram.com/the_story.space/
유튜브 https://www.youtube.com/channel/UCGc7DD4pxilIHPBU-b-kX5Q
이야기공간스토어 https://smartstore.naver.com/storyspace

편집 홍지회 ✦ 디자인 책은우주다, 김소연
마케팅 김영란, 신경범, 우이, 육민애
경영지원 카운트북 countbook@naver.com ✦ 인쇄·제작 미래피앤피 yswiss@hanmail.net
배본사 런닝북 runrunbook@naver.com ✦ 전자책 제작 롤링다이스 everbooger@gmail.com

- 이 책은 텀블벅 펀딩에서 목표금액 287% 달성으로 제작된 《감정 읽기 리아 타로》 '제1부 인물 읽기 리아 타로 : 이론 이해'와 거의 같은 내용입니다. '짚고 가는 타로 상식'에 '4원소 이야기'가 보강되었고 합본의 'Q&A 10' 대신 이론에 대한 질문만 추려 'Q&A 5'로 실었다는 점이 다릅니다. 메이저, 코트, 마이너 원소 카드 구분이 명확히 되도록 본문 디자인도 보완했습니다.
- 책값은 뒤표지에 있습니다.
- 파본은 구입처에서 교환해 드립니다.
- 이야기공간스토어에서 감사 굿즈인 타로 스티커 북과 행복(컵10), 능력자(마법사), 풍요(여황제) 북마크 3종을 본책과 세트 혹은 별도로 한정 판매합니다.